動作の "なぜ" がわかる基礎介護技術

前川美智子 著

中央法規

はじめに

　介護は意図的に行うものであり、場当たり的に行うものではありません。介護福祉士をはじめとする介護職には、根拠に基づいて介護技術を展開する実践力と、その根拠を利用者や家族に説明する力が求められています。

　私は今から10年前に、『根拠からわかる介護技術の基本』（中央法規出版）と題する書籍を出版しました。介護技術の習得は介護職にとっての基本ではありますが、単に「やり方」だけを覚えればよいわけではありません。介護職が個々の介護技術の目的や意味を理解し、納得したうえで、利用者に対して介護を提供できなければ、利用者の尊厳ある生活を支えることはできないのです。

　このような背景から、『根拠からわかる…』では、一つひとつの介護技術をより安全・安楽に、より的確に実施できるように、根拠をわかりやすく解説しました。その一方で、例えば「口腔ケアを行うのはなぜか？」「食後に食事摂取量を記録するのはなぜか？」「入浴前にバイタルサインのチェックを行うのはなぜか？」「寝衣から日常着に着替えるのはなぜか？」など、具体的な技術を実施する前提となる項目も多く取り上げました。

　そこで本書では、介護技術のなかでも基本的な「動作の流れ」に注目し、動作の流れのなかで留意すべきポイントは何なのか、また、留意すべき根拠は何なのかについて解説する手法をとることにしました。

　本書で解説する介護技術の根拠は、多くの場合、人間の「こころ」と「からだ」のしくみに基づいています。

　本書が介護職をはじめ多くの方々に有効に活用され、利用者一人ひとりの生活支援につながることを願ってやみません。

2018年2月

前川 美智子

どうして介護に根拠が求められるのか

❶ 介護職に求められること

　専門職による介護は、対人援助の仕事です。そのため、利用者が安全であること、安楽であることは絶対条件です。また、利用者の意欲やできる力を活用して自立を支援し、自己選択・自己決定を促すなど、個人の尊厳を守ることも大変重要になります。

　ここで示した、利用者に対する「安全・安楽」「自立支援」「尊厳の保持」は、介護の三大原則といわれています。介護福祉士をはじめとする介護職は、これらの原則に基づいて、利用者の日常生活を支援するわけですが、そのなかでも効果的な手段の一つとなるのが介護技術です。

　介護職の仕事は多くの場合、利用者本人に直接触れながらサービスを提供していくことになります。そのため、利用者の心身の状況に応じた介護の方法を検討し、具体的な介護技術として展開していかなければなりません。

　言葉を換えて表現するならば、根拠に基づいた介護技術を実践することが、利用者のニーズに応じたサービスの提供につながるということです。

❷ 本書の構成と使い方

　本書では、「体位変換」「移乗・移動」「食事」「衣服の着脱」「入浴・清潔保持」「排泄（はいせつ）」という6つの場面に分けて、項目ごとに、次のような流れでまとめています。

- 基本的な介護の流れ……動作の流れを4〜5コマ程度で明示
- 留意点……基本的な介護の流れのなかで留意すべきポイントを明示
- なぜ……介護の流れや留意点をふまえ、「そのやり方をするのはなぜか」「なぜ、その留意点がポイントになるのか」を解説

　この流れに沿って本文を読み進めていくと、具体的な介護の技術（技法・動作）の根拠がわかります。

　なお、本文中に身体各部や骨格に関する名称が出てきます。図で示しますので参考にしてください。

身体各部の名称①

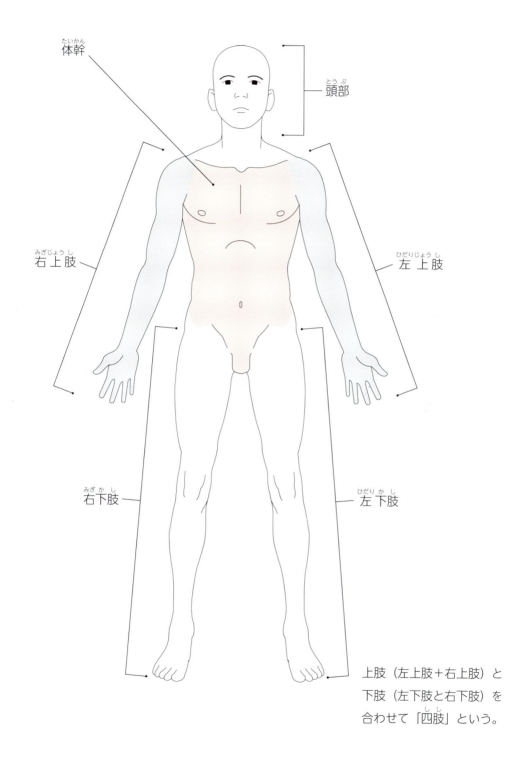

上肢（左上肢＋右上肢）と下肢（左下肢と右下肢）を合わせて「四肢」という。

身体各部の名称②

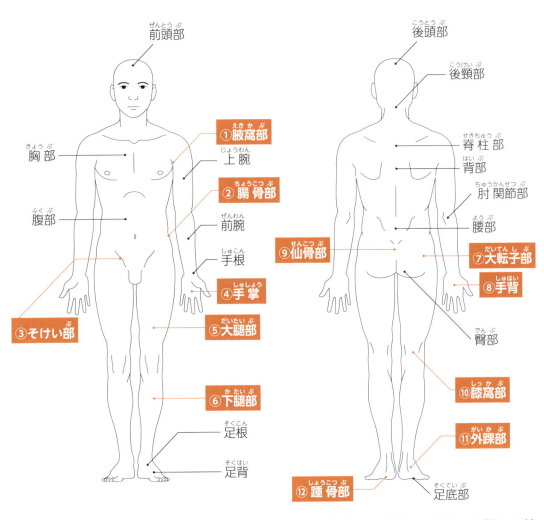

① 腋窩部 …… 脇の下
② 腸骨部 …… 骨盤の両側に扇状に広がった骨の部分
③ そけい部 … もものつけねの部分
④ 手掌 …… 手のひら
⑤ 大腿部 …… 下肢のうち、ももにあたる部分
⑥ 下腿部 …… 膝から下、足までの部分・すね
⑦ 大転子部 … 大腿骨の上端、骨盤との接合部近くの突出部
⑧ 手背 …… 手の甲
⑨ 仙骨部 …… 背骨の末端の部分。腰のあたりの骨
⑩ 膝窩部 …… 膝の裏のくぼみの部分
⑪ 外踝部 …… 足の外側のくるぶし
⑫ 踵骨部 …… かかとのこと

骨格の構造

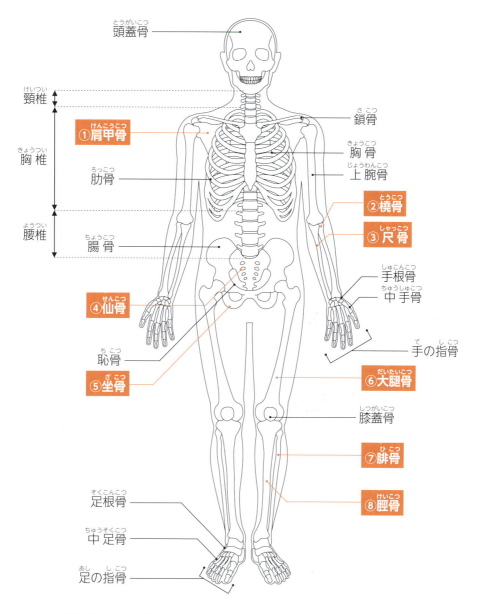

① 肩甲骨 …… 肩の基礎をつくっている骨
② 橈骨 …… 前腕を構成している2本の骨の1つ。手の親指側にある骨
③ 尺骨 …… 前腕を構成している2本の骨の1つ。手の小指側にある骨
④ 仙骨 …… 骨盤の中央にあり、背骨の下端に位置する骨
⑤ 坐骨 …… 座ったときに体幹を支える骨
⑥ 大腿骨 …… 大腿部にある骨
⑦ 腓骨 …… 下腿の後ろ外側にある骨
⑧ 脛骨 …… 下腿の内側前面にある骨

目次

はじめに
どうして介護に根拠が求められるのか

I 体位変換の介護

○ 体位変換の介護に関する予備知識 ... 2

① 仰臥位から側臥位へ体位を変換する ... 9
- **なぜ 1** 介護者が、利用者が向く側の反対側に位置するのは、なぜですか？ ... 11
- **なぜ 2** 利用者を側臥位にする前に、顔を寝返る側に向かせるのは、なぜですか？ ... 12
- **なぜ 3** 利用者を側臥位にする前に、腕を胸の上で組ませるのは、なぜですか？ ... 13
- **なぜ 4** 仰臥位から側臥位へ体位変換を行う場合、両膝を臀部に近づけ、高く立てるのは、なぜですか？ ... 15
- **なぜ 5** 側臥位になるとき、膝から倒していくのは、なぜですか？ ... 16
- **なぜ 6** 片麻痺がある場合、患側を上にした側臥位にするのは、なぜですか？ ... 19

② 仰臥位から端座位へ体位を変換する —片麻痺がある場合— ... 22
- **なぜ 1** 上体を起こすとき、利用者は健側の肘と前腕を使い、前傾姿勢でカーブを描くように頭を動かしていくのは、なぜですか？ ... 24

③ 端座位から立位へ体位を変換する —片麻痺がある場合— ... 27
- **なぜ 1** ベッドに浅く腰かけておくのは、なぜですか？ ... 30
- **なぜ 2** ベッド側に足を引いて膝を曲げておくのは、なぜですか？ ... 31
- **なぜ 3** 利用者の頭が膝より前に出るように前傾姿勢になってもらうのは、なぜですか？ ... 34

II 移乗・移動の介護

① ベッドの上部へ移動する —片麻痺がある場合— ... 36
- **なぜ 1** 介護者が利用者の足と肩を結ぶ対角線の延長線上に立つのは、なぜですか？ ... 38

② ベッドの片側へ移動する —片麻痺がある場合— ... 40
- **なぜ 1** 利用者をベッドの片側に寄せるときに、介護者の腕を支柱にして上半身を持ち上げ、手前に寄せるのは、なぜですか？ ... 42

③ ベッドから車いすへ移乗する ―片麻痺がある場合― 43

○ 車いすに関する予備知識 45
- なぜ 1 端座位でいる利用者の健側に、15度〜20度の角度で車いすを置くとよいのは、なぜですか？ 50
- なぜ 2 車いすへ移乗するとき、臀部の向きや、足の向きと位置、手の向きに気をつけるのは、なぜですか？ 51

④ 車いすで移動する 53
- なぜ 1 車いすで移動するとき、ゆるやかな下り坂では前向きで、急な下り坂では後ろ向きになるのは、なぜですか？ 55
- なぜ 2 砂利道では、キャスタを上げてゆっくり車いすを押すのは、なぜですか？ 56

④ 車いすで移動する 57
- なぜ 3 車いすで段を上がるとき、ティッピングレバーを踏むのは、なぜですか？ 59
- なぜ 4 車いすで段を下りるとき、後ろ向きになって後輪を下ろすのは、なぜですか？ 60

⑤ 杖で歩行する ―片麻痺がある場合― 61
- なぜ 1 杖を持つとき、肘の角度は30度くらいを目安とするのは、なぜですか？ 62

⑥ 杖で階段を昇降する ―片麻痺がある場合― 63
- なぜ 1 階段の上りでは最初に健側の足を踏み出し、下りでは最初に患側の足を下ろすのは、なぜですか？ 65

Ⅲ 食事の介護

① 座位で食事をする 70
- なぜ 1 主食を左側に置くのは、なぜですか？ 71
- なぜ 2 食事の前に排泄をすませるのは、なぜですか？ 72
- なぜ 3 座ったときに、床に足がつくようにするのは、なぜですか？ 74
- なぜ 4 食事をするときに、少し前傾姿勢をとるのは、なぜですか？ 76
- なぜ 5 肘を90度くらいにして置けるテーブルの高さにし、テーブルとの間に、握りこぶし一つ分のスペースをとるのは、なぜですか？ 78
- なぜ 6 食事の最初にお茶や汁ものなどの水分をとってもらうのは、なぜですか？ 79

② ベッド上で食事をする —長座位の場合— ... 83
- **なぜ 1** 上体を起こし、少し前傾姿勢にして、膝の下に当て物を置くのは、なぜですか？ ... 85
- **なぜ 2** 食後、しばらくの間、上体を起こしておくのは、なぜですか？ ... 86

③ ベッド上で口腔を清潔にする ... 87
- **なぜ 1** 鉛筆を持つように歯ブラシを持つのは、なぜですか？ ... 89
- **なぜ 2** 歯ブラシを小きざみに動かしたほうがよいのは、なぜですか？ ... 93
- **なぜ 3** 口角に近い部分にガーグルベースンを当てるのは、なぜですか？ ... 95

Ⅳ 衣服の着脱の介護

① 座位で衣服を交換する —かぶりの衣服、片麻痺がある場合— ... 98
- **なぜ 1** 室温だけでなく、介護者の手の温度にも配慮するのは、なぜですか？ ... 100
- **なぜ 2** 「脱健着患」が原則となるのは、なぜですか？ ... 101

② ベッド上で寝衣を交換する —前開きのパジャマ・片麻痺がある場合— ... 102
- **なぜ 1** 着替えるパジャマをそでだたみにして、患側に置いておくのは、なぜですか？ ... 104
- **なぜ 2** 患側の手を着替えるパジャマのそでに通すとき、迎えそでにするのは、なぜですか？ ... 106
- **なぜ 3** 健側上肢のそでを通すときに、そでぐりを利用者の脇より下のほうに置くとよいのは、なぜですか？ ... 108
- **なぜ 4** 着脱後、しわやねじれ、たるみを確認するのは、なぜですか？ ... 109

Ⅴ 入浴・清潔保持の介護

① 浴室で入浴（洗身・洗髪）する ... 112
- **なぜ 1** 足元から徐々に上に向かって湯をかけるのは、なぜですか？ ... 114
- **なぜ 2** 片麻痺がある場合、健側の足から浴槽に入るのは、なぜですか？ ... 116
- **なぜ 3** シャワーチェアの高さを浴槽と同じにしたほうがよいのは、なぜですか？ ... 118
- **なぜ 4** 入浴後に水分補給を勧めるのは、なぜですか？ ... 121

② ベッド上で手浴をする ... 124
- **なぜ 1** 手浴後に爪を切るのは、なぜですか？ ... 126

③ ベッド上で足浴をする ……………………………………………………… 129
- **なぜ 1** 湯の温度に配慮するのは、なぜですか？ ……………………………… 131
- **なぜ 2** かかとをしっかり支えるのは、なぜですか？ …………………………… 132
- **なぜ 3** 足の指の間を、軍手を用いて洗うのは、なぜですか？ ……………… 133

④ ベッド上で清拭をする ―背部清拭― …………………………………… 134
- **なぜ 1** 熱布清拭をするとき、熱めのタオルを使うとよいのは、なぜですか？ …… 136
- **なぜ 2** 清拭をするときに 50℃～55℃の熱めの湯を準備するのは、
  なぜですか？ ……………………………………………………………… 137
- **なぜ 3** 筋肉の走行に沿ってふくのは、なぜですか？ ………………………… 138
- **なぜ 4** 背部清拭をした後、マッサージをするとよいのは、なぜですか？ …… 139
- **なぜ 5** 全身清拭をするとき、四肢は末梢から中枢に向かってふくのは、
  なぜですか？ ……………………………………………………………… 140

Ⅵ 排泄の介護

① トイレで排泄する ―片麻痺がある場合― ……………………………… 144
- **なぜ 1** 便座に座ったとき、床に足がつき、前屈姿勢になり、
  足を引いてかかとを上げるのがよいのは、なぜですか？ …………… 145
- **なぜ 2** 排泄をしているとき、介護者がトイレから外に出るのは、なぜですか？ … 150
- **なぜ 3** 介護者が手袋をつけて排泄介助をするのは、なぜですか？ ………… 151
- **なぜ 4** 女性の場合、排尿した後、外尿道口から肛門に向かってふくのは、
  なぜですか？ ……………………………………………………………… 153
- **なぜ 5** 排泄した後に手洗いが必要なのは、なぜですか？ ………………… 155

② ポータブルトイレで排泄する ……………………………………………… 157
- **なぜ 1** 片麻痺がある場合、ポータブルトイレは、
  利用者がベッドに寝た状態で健側の足元に置くのは、なぜですか？ … 158
- **なぜ 2** 利用者がポータブルトイレの前に立ったとき、
  下着とズボンの着脱を行うのは、なぜですか？ ……………………… 161

③ おむつを交換する …………………………………………………………… 162
- **なぜ 1** おむつを当てる前に、おむつを縦に引っ張っておくのは、なぜですか？ … 164
- **なぜ 2** おむつのセンターラインと背骨を合わせ、
  おむつの上のテープを腸骨の少し上に合わせるのは、なぜですか？ … 166
- **なぜ 3** おむつのテープを、下のテープから上向きにとめるのは、なぜですか？ … 167

I

体位変換の介護

① 仰臥位から側臥位へ体位を変換する
② 仰臥位から端座位へ体位を変換する
　—片麻痺がある場合—
③ 端座位から立位へ体位を変換する
　—片麻痺がある場合—

体位変換の介護に関する予備知識

「寝返る」「座る」「立ち上がる」などの介護を、安全・安楽に行い、最小の力で最大の効果を上げるためには、いくつかの基本的なことを理解しておくことが大切です。

人間の身体の自然な動き

私たちがふだん寝返りをしたり、座ったり、立ち上がったりする場合、頭部、体幹、四肢が自然に動きます。

この身体の自然な動きを理解し、妨げないように介護することが重要となります。まずは自分自身の身体の動きを知ることから始めましょう。

知っておくべき用語

体位変換の介護で知っておくべき用語として、「重心」「支持基底面」「圧中心点」という三つがあります。

●重心とは

重心とは、物体を一点で支えた時にバランスがとれるところであり、全体の重さの中心をいいます。

人間が立った状態での重心は、骨盤内で仙骨のやや前方、第二仙骨の高さ（臍の下部あたり）になります。

重心が低いほど、身体は安定します。

図 1-1 重心

●支持基底面とは

支持基底面とは、身体を支持するための基礎となる底の面のことをいいます。
支持基底面が広いほど、身体は安定します。

図 1-2　支持基底面①

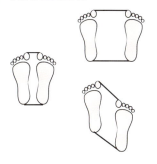

図 1-3　支持基底面②

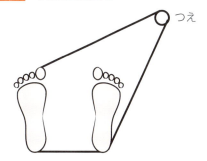

●圧中心点とは

圧中心点は、重心の真下の位置にあります。
圧中心点が支持基底面の中にあることで身体は安定します。

図 1-4　圧中心点

＊座位のときの重心は胸部付近にある

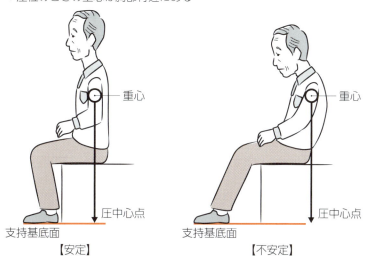

ボディメカニクス

●ボディメカニクスとは

　介護におけるボディメカニクスとは、身体の神経系、骨格系、関節系、筋系などの力学的相互関係を取り入れた技術のことをいいます。

　ボディメカニクスを活用して介護を行えば、利用者・介護者双方の身体への負担を軽減することができます。

●ボディメカニクスの基本原理

❶　支持基底面を広くし、重心を低くする

　介護を行う際には、両足を開き、膝を曲げて、腰を低くし、支持基底面の中に圧中心点を置きます。

　膝を伸ばした中腰の姿勢は、腰や背部の筋に過剰な負担がかかり、腰痛の原因となります。

図 1-5　支持基底面を広くし、重心を低くする

❷　利用者に近づく

　重い荷物を運ぶ場合、手を伸ばして物を持つよりも、自分の身体にできるだけ近づけて抱えるようにしたほうが楽になります。

　それと同じように、介護者と利用者の重心を近づけることで、まとまりができて、介護がしやすくなります。

❸　身体をねじらない

　利用者を移動するときには、足先と身体を動かすほうに向けます。つまり、腰と肩を平行に保ちます。

❹　大きな筋群を使う

　大きな筋群には大きな力があります。腕や手先だけを使うのではなく、上腕筋、腹筋、

背筋、大腿筋などの大きな筋群を使うことで、大きな力が発揮できます。
❺ 利用者の身体を小さくまとめる
　利用者の腕を組んだり、膝を立てたりするなど、支持基底面を小さくすることで、摩擦が少なくなり、力があまりかかりません。

図 1-6　利用者の身体を小さくまとめる

　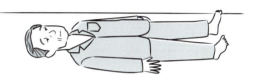

❻ 利用者を水平移動する
　利用者を横にスライドさせると、重心の高さが変わらないため、力を入れずに楽に移動させることができます。
❼ てこの原理を活用する
　支点・力点・作用点のある状態で、支点を中心にして動きが起こります。この原理を応用することで、小さな力で大きな力が発揮できます。

　　図 1-7　てこの原理を活用する

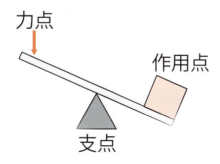

体 位

　体位とは、静止した姿勢のことをいいます。体位は、臥位（寝た状態）、座位（座った状態）、立位（立った状態）に大別されます。

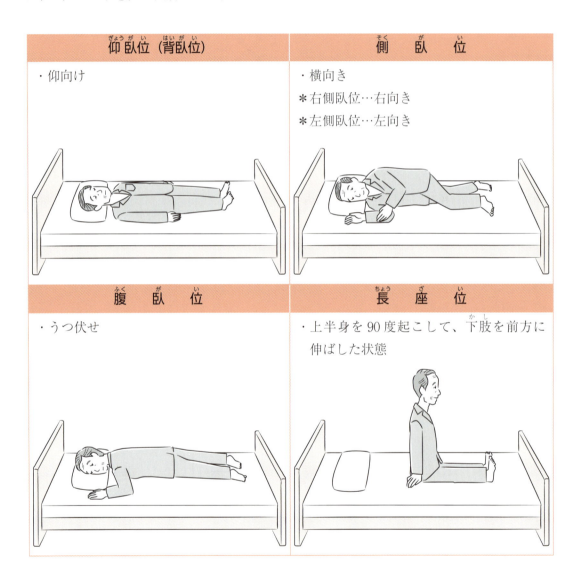

仰臥位（背臥位）	側臥位
・仰向け	・横向き ＊右側臥位…右向き ＊左側臥位…左向き

腹臥位	長座位
・うつ伏せ	・上半身を90度起こして、下肢を前方に伸ばした状態

ファーラー位（半座位）

- ファーラー位……上半身を45度起こした状態
- セミファーラー位……上半身を15度〜30度起こした状態

起座位

- 上半身を起こし、オーバーテーブルの上に枕などを置き、そこにもたれかかるようにうつ伏せになった状態

端座位

- ベッドの端に座った状態

椅座位

- いすに座った状態

立位

- 立った状態

片麻痺

　身体の右片側、または左片側に神経の麻痺がある状態のことをいいます。
　脳梗塞や脳出血などの後遺症として、身体の左右のいずれか半分が麻痺し、運動障害や感覚障害などが現れます。

① 運動障害
・身体を思うように動かすことができない
・力が入らない
・麻痺している

② 感覚障害
・手足にしびれを感じる
・物に触れても感覚がにぶくなる
・熱いもの、冷たいものに対する感覚がにぶい

　何かを行う場合、脳からの指令は神経を通じて脊髄へ行き、途中の頸部あたりでその神経は交差しているため、脳とは反対側へ伝わります。つまり、右脳の指令は左半身へ、左脳の指令は右半身へと伝わります。
　したがって、右の脳の血管が詰まったり、出血などが起こったりした場合は、左片麻痺になります。一方、左の脳が損傷した場合には、反対の右側に麻痺などの障害が現れます。

図 1-8　脳の障害と身体の麻痺との関係

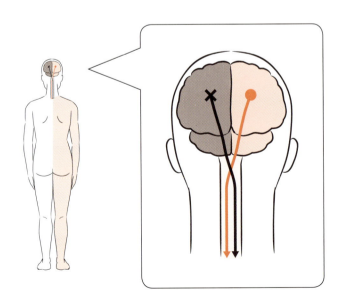

左脳に脳出血などが発生した場合、右半身麻痺になる

① 仰臥位から側臥位へ体位を変換する

基本的な介護の流れ

①介護者は、利用者が向く側の反対側に位置して、ベッドの片側へ利用者を寄せる。 →なぜ**1**

②利用者は、顔を寝返る方向に向け、手で同方向へ枕を引く。

③利用者の腕を組んで両膝を立て、介護者は膝と肩に手をかけ、膝から先に倒し手前に向ける。

留意点①　側臥位にする前の利用者の体位
1）顔…寝返る側に向く。→なぜ**2**
2）腕…側臥位になった時に、下になる腕を下に、上になる腕を上にして、胸の上で深く組む。
　　　　　　　　　　　　　　　　　→なぜ**3**
3）両膝…臀部に近づけ高く立てる。→なぜ**4**

留意点②
膝から倒し骨盤を回転させながら肩を引き上げる。
　　　　　　　　　　　　　　　→なぜ**5**

④上側の腸骨部を軽く前方へ押し、下側の腸骨部を水平に後方へ引く。必要時肩や下肢を直す。

⑤上側の下肢を前方に出し、下側の下肢は後方に引く等、「く」の字型の安定した安楽な側臥位であるかを確かめる。

留意点③

側臥位にした後、背部や上側になった上肢、下肢の下に、確認をとりながら枕や当て物をし、安楽な体位であるか確かめる。

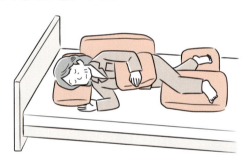

留意点④　片麻痺がある場合

・患側を上にした側臥位とする。→ なぜ 6

留意点⑤　安定した側臥位

・「く」の字型側臥位とする。
・圧中心点が支持基底面内にある。
注：介護者は、移動の際は、ベッドの足元を通ること。

 **なぜ 1**
介護者が、利用者が向く側の反対側に位置するのは、なぜですか？

　利用者が仰臥位から側臥位になったとき、ベッドの中央で安全・安楽に体位を保つことができるようにするため、介護者は反対側にきて、まず利用者をベッドの片側に寄せ、ベッドの中央にスペースをつくります。

　ベッドの中央で臥床している利用者をいきなり側臥位にした場合、ベッドの片側に寄せられることになり、転落してしまう危険性があります。長時間側臥位の体位を確保するためには安全とはいえません。

　クッションなどを用いて、ベッドの中央で安楽な側臥位で休めるようにします。

図 1-9 側臥位になったとき、ベッドの中央で安全・安楽に体位を保つ

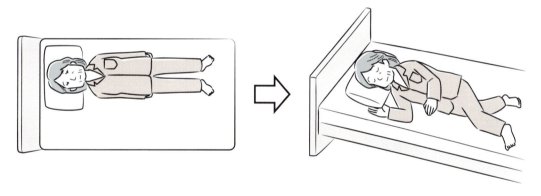

　なお、仰臥位から端座位になる場合は、一連の動作として、仰臥位から側臥位、それから端座位となりますので、わざわざ片側に移動させる必要はありません。

なぜ 2
利用者を側臥位にする前に、顔を寝返る側に向かせるのは、なぜですか？

　側臥位にする前に顔を寝返る側に向かせることで、頭を後方にそらすことなく寝返りができますし、心の準備もできます。

　どのような介護を行う場合でも、事前にその目的と方法をわかりやすく説明することで、利用者の意識を集中することができ、自立支援につながり、スムーズに介護を行うことができます。

 なぜ 3
利用者を側臥位にする前に、腕を胸の上で組ませるのは、なぜですか？

　寝返りの際、身体の重みで動かしにくいところは、肩甲骨と骨盤帯です。
　そのために腕を組み、身体をコンパクトにすることで、摩擦力は小さくなり、スムーズに回転でき、寝返りが容易になります。
　身体のしくみから考えて、側臥位になったときに下になる腕が下、上になる腕が上になるように組みます。

図 1-10　側臥位になる前に、腕を胸の上で組む

こんなやり方も！

片麻痺がある場合
患側の肘を健側の手で持ち、胸の上で組んで、側臥位になるときに肩甲骨が回転しやすいように引きます。

図 1-11　患側の肘を健側の手で持ち、胸の上で組む

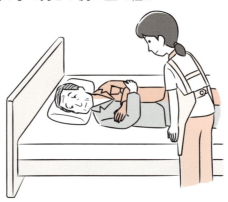

なぜ 4
仰臥位から側臥位へ体位変換を行う場合、両膝を臀部に近づけ、高く立てるのは、なぜですか？

　両膝を臀部に近づけて高く立てるのは、寝返りをしやすくするためです。
　最小の力で最大の効果を上げるために、トルクの原理（言葉の説明）を応用します。
　トルクの原理を応用することで、高く立てた膝を小さな力で倒すことができます。膝が倒れれば骨盤、上半身が回転して、寝返りが容易にできます。

言葉の説明

📖 トルクの原理

物体を回転させるとき、回転に必要な力（トルク）は、回転軸からの距離に反比例します（トルク＝重心×距離）。
つまり、重心から作用点までの距離が長いほど、小さい力で回転力が得られます。

図 1-12　トルクの原理

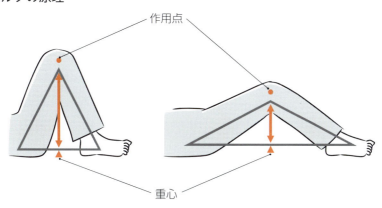

側臥位になるとき、膝から倒していくのは、なぜですか？

　膝から倒していくと、容易に寝返りができるためです。
　仰臥位で両膝を高く立て、その膝を倒すと、自然に骨盤が回転し、次いで肩が上がってきて、側臥位になることができます。
　身体のなかで一番重い骨盤が回転するために、上半身が回転しやすくなります。
　介護者は利用者の膝と肩を支えて、仰臥位から側臥位になるときの身体の自然な動きに沿って、膝から介護者側に倒して、骨盤を回転させながら肩を引き上げていきます。

図 1-13　寝返りしやすくするため、膝から倒していく

こんなやり方も！

片麻痺がある場合
① 介護者は、高く立てた利用者の患側（かんそく）の膝を自分の肘（ひじ）で、また、大腿部（だいたいぶ）を手掌（しゅしょう）でおおう。
② 他方の手は、利用者の患側の肩関節を保護するように当てる。
③ 最初に利用者の膝を倒して、骨盤を回転させながら、次に肩を引き上げて側臥位にする。

図 1-14　患側の膝を肘で、大腿部を手掌でおおう

豆知識 その1

良肢位

たとえ関節がその角度で動かなくなったとしても、日常生活動作（ADL）への影響が少なく、苦痛のない肢位であることを良肢位といいます。

良肢位は、機能的肢位や便宜肢位とも呼ばれます。

片麻痺がある場合、良肢位を意識しながら体位を保持することが必要です。

図 1-15　良肢位

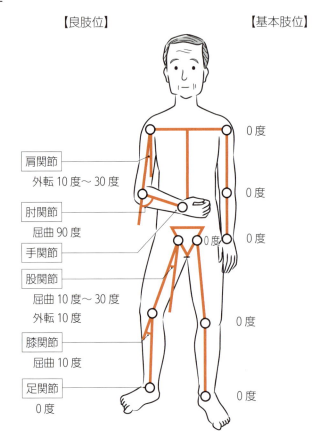

片麻痺がある場合、患側を上にした側臥位にするのは、なぜですか？

　片麻痺（かたまひ）がある場合、患側（かんそく）は血液循環が悪く、患側を下にした側臥位をとり、持続的な圧迫を受けた場合は、床ずれ（褥瘡（じょくそう））（豆知識 その❷）が生じやすくなります。そのため、患側を上にした側臥位をとります。

　患側を下にした側臥位をとることで循環障害が増長するにもかかわらず、自ら除圧などができず、さらには痛みの自覚がないと、床ずれの発見も遅れてしまいます。

　したがって、側臥位のときに患側を下にする姿勢は避ける必要があります。

豆知識 その2

床ずれ

床ずれは、褥瘡ともいいます。
身体の骨の突出部にある皮膚や皮下組織への圧迫が持続することで、皮膚の血流が途絶え、壊死が起こった状態をいいます。
特に、麻痺などで運動障害や知覚障害がある場合、自ら体位の変換もできず、痛みを感じることなく圧迫が続き、床ずれが生じやすくなります。
皮膚の発赤がみられ、押しても変化せず、熱感をもちます。

発生要因

① 圧迫
　・長時間の同一体位
② 摩擦、ずれ
　・寝衣などのシワ、縫い目などによる摩擦
　・ベッドのギャッチアップ時の摩擦やずれ
③ 不潔と湿潤
　・発汗や排尿、排便などによる皮膚の長時間の汚染と湿潤
④ 栄養状態の低下
　・低栄養

好発部位

図 1-16　床ずれの好発部位

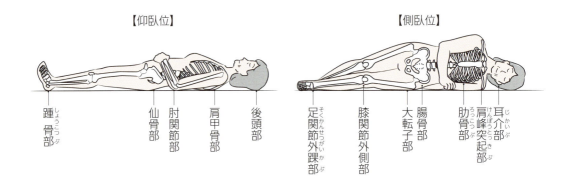

【仰臥位】踵骨部・仙骨部・肘関節部・肩甲骨部・後頭部
【側臥位】足関節外踝部・膝関節外側部・大転子部・腸骨部・肋骨部・肩峰突起部・耳介部

床ずれの予防

体位変換の目的
同一体位による苦痛を緩和し、安楽な体位を確保するために、体位変換を行います。
また、体位変換は、同一体位の圧迫による床ずれ、神経障害、循環障害などの予防にもなります。

30度側臥位
長時間同じ部位の圧迫を受けることで、床ずれが生じます。それを避けるために体位変換を行いますが、仰臥位（ぎょうがい）から側臥位にする場合、大転子部（だいてんしぶ）や腸骨部などに体圧が集中する90度側臥位は避け、骨の突出がない臀部（でんぶ）の筋肉で体重を支える30度側臥位とします。

図 1-17　床ずれを予防する工夫

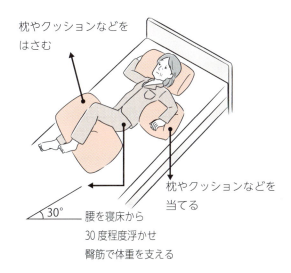

枕やクッションなどをはさむ
枕やクッションなどを当てる
30°　腰を寝床から30度程度浮かせ臀筋で体重を支える

自動体位変換機能付きマットレス
自力で体位変換ができない利用者に向けて、仰臥位から側臥位、仰臥位…の一連の動きが自動ででき、身体状況に合わせて体位変換の所要時間やベッドの角度を自動で設定するなどの機能が付いています。介護保険での貸与ができます。

② 仰臥位から端座位へ体位を変換する
―片麻痺がある場合―

基本的な介護の流れ

①両腕を組み、患側を上にした側臥位にする。

②交差した足を引き寄せ、ベッドの端から少し下ろす。

③介護者は利用者の患側の肩と腕を前方で支え、利用者は健側の肘と前腕を使ってカーブを描き、上体を徐々に起こす。

留意点①

利用者の両足の重みを利用する。

・側臥位になった状態で両足をベッドの端に少し出し、上体を上げていく。

留意点②

残存機能を活用する。

・介護者は患側の肩と腕を前方で支え、利用者は健側の肘と前腕を使って前傾姿勢でカーブを描くように頭を動かし、上体を徐々に起こす。

→ なぜ 1

④骨盤を下方に押し、安定した端座位とする。

留意点③　安定した端座位
・両足底がしっかりと床に着く。
・圧中心点が支持基底面内にある。

なぜ 1

上体を起こすとき、利用者は健側の肘と前腕を使い、前傾姿勢でカーブを描くように頭を動かしていくのは、なぜですか？

　仰臥位（ぎょうがい）から側臥位になり、前傾姿勢でカーブを描くように頭を動かすのは、仰臥位から端座位になる過程で、上体を起こしていくときの身体の自然な動きであるからです。

　この動きに沿って介護を行うことは、利用者にとっても介護者にとっても、身体への負担がなく、安楽に上体を起こすことができます。

　高齢者は腹筋が弱いため、上体を直角にして起き上がることができません。横向きになり、腕を使い、頭はおじぎをするように大きな弧を描いて起き上がります。

図 1-18　上体を起こすときの身体の自然な動き

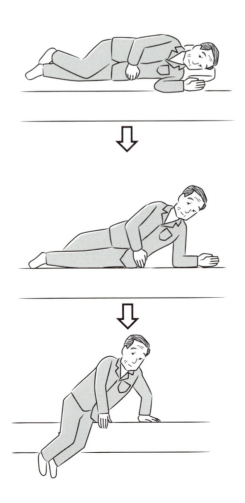

仰臥位から側臥位になり、上体を起こしていく場合、頭の動きと同時に肘、前腕、手の動きも重要な役割を果たします。

図1-19　上体を起こすときの頭の動き

【頭の動き】

図1-20　上体を起こすときの肘、前腕、手の動き

【肘、前腕、手の動き】

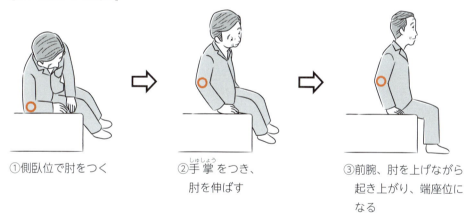

①側臥位で肘をつく　②手掌をつき、肘を伸ばす　③前腕、肘を上げながら起き上がり、端座位になる

　肘の動きを十分に行うためには、脇を45度程度に開き、手掌がベッドの端から出ないようにスペースをとることが必要になります。

こんなやり方も！

全介助の方法―仰臥位→長座位→端座位

①介護者は肘関節で利用者の頸部を、手掌で肩甲骨を支え、肘をベッドにつき、てこの支点にして、利用者の上半身を手前に倒し、側臥位にする。

②介護者に近い前腕を45度くらいに開き、前腕を押さえ、てこの支点とする。一方の手は胸部から腹部あたりに置く。

③介護者は足を斜め前方に踏み出し、体重移動をしながら利用者を手前に引き、カーブを描いて起こす。

④両手を腹部に置き、頸部と膝下部を支えて身体をV字型として、臀部を中心に回転し、端座位とする。

3 端座位から立位へ体位を変換する
―片麻痺がある場合―

基本的な介護の流れ

① ベッドに浅く腰かけ、両足底部をやや開いて床に安定させ、ベッド側に引いて膝を曲げる。 →なぜ 1 →なぜ 2

② 介護者は利用者の患側に位置し、足は患側の足のすぐ後ろに置く。

③ 利用者の頭が膝より前に出るよう前傾させる。介護者の手は患側の膝頭に当て、一方の手は背中を支える。 →なぜ 3

留意点①
患側下肢の支持が不十分な場合（膝折れ防止）

・介護者の足を利用者の患側の足のすぐ後ろに置き、患側の膝頭に手を当て、膝を伸ばすのを手助けする。もう一方の手は背中を支えて臀部の挙上を助ける。

④利用者が股関節、膝関節を徐々に伸ばし、立ち上がるとき、介護者の手は胸郭と臀部に当て身体を支える。

留意点②
片麻痺があり、両下肢の筋力が低下し全介助を行う場合（膝折れ防止）

1）介護者は自分の膝内側を利用者の膝外側に当てる。

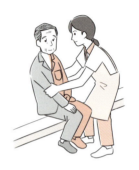

2）患側の膝を介護者の両膝で挟むように固定して立たせる。

留意点③
立位になったとき、膝や背中が伸展し、圧中心点が支持基底面内にあり、安定していること。

豆知識 その3

座位から立位までの動作の流れ

①浅く座る。両足を肩幅くらいに開き、床につける。 	②足を膝より後ろに引く。 
③頭を膝より前に出し、前傾姿勢をとる。重心を前方に移動させると、圧中心点が足に移る。 	④臀部を上げる。このとき、支持基底面が小さくなり、バランスをくずしやすくなる。 
⑤膝を伸ばし、重心を上方に移動させる。 	⑥上体を起こして立ち上がる。圧中心点が支持基底面の中にあることで、立位が安定する。 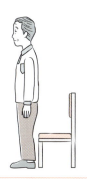

なぜ 1
ベッドに浅く腰かけておくのは、なぜですか？

　端座位から立ち上がるとき、両足を引き、前傾姿勢をとりますが、その足を引きやすくするために、ベッドに浅く腰かけます。

　図1-21のような座り方の場合、膝の裏側がベッドの端に当たって、足を引くことができません。

　図1-22のように座ると、足を引くスペースがあります。

　このように、足を引くスペースをつくるために、浅く腰かけます。

図1-21　深く腰かけた場合

図1-22　浅く腰かけた場合

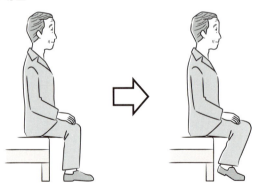

なぜ 2
ベッド側に足を引いて膝を曲げておくのは、なぜですか？

ベッド側に足を引いて膝を曲げるのは、身体を前に傾けやすくするためです。
身体を前に傾けることで、臀部が浮きます。臀部が浮けば、立ち上がりやすくなります。
立ち上がりの動作のポイントは、次の三つです。

① 浅く座る
② 足を引く
③ 身体を前傾させる

足を膝より前に出した場合、臀部から足への体重移動ができないため、臀部を浮かすことができません。したがって、立ち上がることができません。

図 1-23　足を膝より前に出した場合

こんなやり方も！

立ち上がりの介助―両手を支える方法

①浅く座って、足を引いてもらうように促す。

②介護者は手掌（しゅしょう）を上に向け、利用者に握ってもらう。

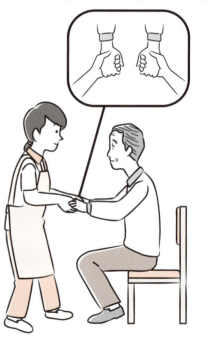

③いきなりまっすぐ上のほうに手を引き上げても、立ち上がらせることはできない。そのため、手を斜め下に引き、前傾姿勢にする。

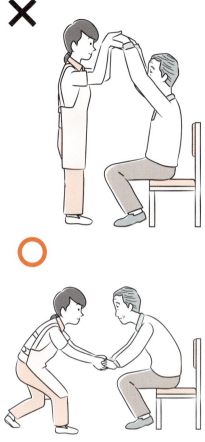

④臀部が浮いてきたら、手を上げていき、立たせていく。

なぜ 3
利用者の頭が膝より前に出るように前傾姿勢になってもらうのは、なぜですか？

利用者に前傾姿勢になってもらうのは、重心を前方に移動し、臀部が浮きやすくするためです。

臀部が上がってきたら、膝を伸ばして立ち上がっていきます。

立ち上がりの過程で、上半身を前に傾け、圧中心点が両足の上にくるようにします。そのためには、足を引き、頭の位置が膝より前になるようにして、前かがみになる必要があります。

豆知識 その4

立位保持と抗重力筋

立位保持のためにはたらく筋肉は、抗重力筋と呼ばれています。

抗重力筋とは、重力と戦う筋肉のことです。
脊柱起立筋、大臀筋、下腿三頭筋、腹筋、大腿四頭筋などが主な筋肉です。

図 1-24　抗重力筋

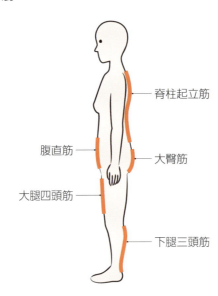

Ⅱ 移乗・移動の介護

① ベッドの上部へ移動する
　—片麻痺がある場合—
② ベッドの片側へ移動する
　—片麻痺がある場合—
③ ベッドから車いすへ移乗する
　—片麻痺がある場合—
④ 車いすで移動する
⑤ 杖で歩行する
　—片麻痺がある場合—
⑥ 杖で階段を昇降する
　—片麻痺がある場合—

1 ベッドの上部へ移動する
―片麻痺がある場合―

基本的な介護の流れ

① 枕を取り外し、腕を組ませる。介護者は、一方の腕で利用者の頸部から肩甲骨部を支え、他方の腕を支柱にして上半身を持ち上げ、手前に寄せる。

② 介護者は利用者の足と肩を結ぶ対角線の延長線上に立つ。肩甲骨と肘を支えて上半身を少し持ち上げ、摩擦による抵抗を減らす。 → なぜ 1

留意点①

力のベクトルを活用する。

1）上半身を手前に引き寄せた後、介護者は利用者の足と肩を結ぶ対角線の延長線上に立つ。

・利用者の支え方…一方の手で肩甲骨を支えながら腋下に指をかける。他の手は組んだ手前の肘を利用者の体幹に押しつけながら持つ。

③介護者は体重移動すると同時に、利用者に健側の足でベッドを踏み込んでもらい、対角線上に引き上げる。

④ベッドの中央に移動し、枕を当て安楽な姿勢にする。

2）上方へ移動する方法
・摩擦による抵抗を減らすために上半身を持ち上げる。
・介護者は体重移動すると同時に、利用者に健側の膝（ひざ）を高く立て、ベッドを踏み込んでもらい、利用者を対角線上に引き上げる。

なぜ 1
介護者が利用者の足と肩を結ぶ対角線の延長線上に立つのは、なぜですか？

　介護者が利用者の足と肩を結ぶ対角線の延長線上に立つのは、ベクトルの法則（ 言葉 の説明）を活用して、利用者を楽に斜め上方に引き上げるためです。

　利用者の上方移動にあたっては、頭側のベッド柵方向に移動させるのではなく、最初に斜め上方に引き寄せた後に、ベッドの中央に移動させます。

言葉の説明

ベクトルの法則

介護の場面での「ベクトルの法則」とは、数式ではなく、力の方向や合力のことを指します。具体的にいえば、次のようになります。

1. 互いの張り合う力が等しければ身体は動かない。

2. 互いの張り合う力がそれぞれ斜め方向に加わるとき、合成された力と方向が得られる。

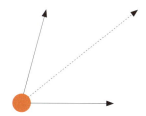

図2-1のように、ベクトルとベクトルは、平行四辺形の法則によって合成することができます。

つまり、「同じ方向への力は、互いの力が小さくてもそれぞれの力が加わり、大きな力になる」ということです（$F = F_1 + F_2$）。

図2-1 ベクトルの法則を活用した介護

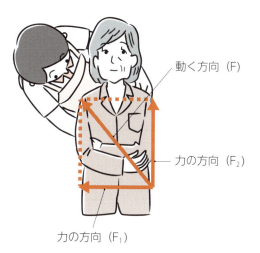

② ベッドの片側へ移動する
―片麻痺がある場合―

基本的な介護の流れ

①利用者に患側の手を胸部に置いてもらう。枕を移動する方向へ寄せるよう促す。

②介護者は、一方の腕で利用者の頸部から肩甲骨部を支え、他方の腕を支柱にして上半身を持ち上げ、摩擦による抵抗を減らし、手前に寄せる。　→ なぜ 1

③健側の肘と膝を立てさせ臀部を上げて、ベッドの端へ移動させる。介護者は腰部と臀部近くの身体の下に手を深く入れ、介助する。

④患側の膝の下に入れた健側の足を上げて、ベッドの端に移動させる。

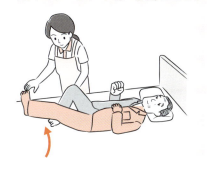

留意点①

残存機能を活用させ、最小限の介助をする。

留意点②

身体を小さくまとめる。

1）患側の手を胸部に置く。
2）健側の膝を立て、足を患側の膝の下に入れる。

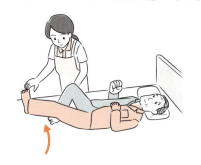

なぜ 1

利用者をベッドの片側に寄せるときに、介護者の腕を支柱にして上半身を持ち上げ、手前に寄せるのは、なぜですか？

　介護者の腕を支柱にして上半身を持ち上げ、手前に寄せるのは、振り子の原理（言葉の説明）を応用して、利用者の上半身を楽に移動するためです。

　介護者は片方の手をベッドに乗せ、支柱とします。その腕に重心を移し、他方の腕で利用者の頸部（けいぶ）から肩甲骨を支え、上半身を持ち上げ、手前に寄せます。

　支柱である介護者の腕に、介護者の体重をしっかり乗せておくことがポイントです。

言葉の説明

振り子の原理

固定した糸の先端に重りを吊るし、外的な力を加えると、重力の作用によって揺れが生じ、周期的な動きを繰り返します。

図 2-2　振り子の原理を活用した介護

3 ベッドから車いすへ移乗する
—片麻痺がある場合—

基本的な介護の流れ

① 健側に置いた車いすの向こう側のアームサポートを健側の手で握り、健側の足は向こう側のキャスタ近くで力の入る位置に置く。

② 介護者は患側を保護しながら前傾姿勢をとらせ、膝裏が伸びて立位がとれたら健側の足を軸として回転させる。

留意点①
ベッドに浅く腰かけ健側の下腿の後ろまで車いすを近づける。

留意点②
健側に車いすを15度～20度の角度で置き、ブレーキをかける。→ なぜ 1

留意点③
車いすへ移るとき、臀部の向きや足の向きと位置、手の向きに気をつける。→ なぜ 2
1) 臀部を車いすに向ける。
2) 健側の足を車いすの前の方に向くように、向こう側のキャスタ近くで、力の入る位置に置く。
3) 車いすの向こう側のアームサポートを握るとき、手の向きが車いすの前の方に向くように位置する。

③前傾姿勢をとりながら座らせる。健側の手と足に力を入れさせ、臀部を後ろに引かせる。必要時介助する。

留意点④
残存機能を活用し、前傾姿勢で立ち上がらせ、患側の下肢は保護する。

④フットサポートに足を乗せる。

# 車いすに関する予備知識

車いす

　車いすは、身体の機能障害等により歩行が困難となった人の移動手段として主に使われます。福祉用具の一つです。

　車いすに乗って移動する人は、道路交通法では「歩行者」として取り扱われます。したがって、電動車いすを使用するために運転免許をとる必要はありません。

図 2-3　車いすの各部の名称

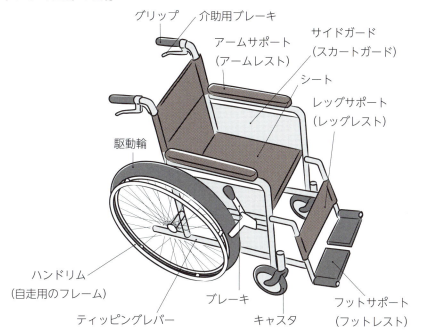

車いすのたたみ方と広げ方

●車いすのたたみ方
① 左右のブレーキをかけ、フットサポートを上げておきます。
② 車いすの横に立ち、シートの真ん中の手前と奥を持ち、上に引き上げます。
③ アームサポートを左右近づけて、完全に折りたたみます。

図 2-4　車いすのたたみ方

●車いすの広げ方
① 左右のブレーキをかけます。
② 車いすの前に立ち、左右のアームサポートを握り、軽く外側に開きます。
③ 両サイドとシートの間に指をはさまないように、両手を「ハ」の字型にして体重をかけてシートを押し広げます。

図 2-5　車いすの広げ方

車いすでの基本的な姿勢

●正面から見た場合

手・足・身体が左右対称であること。

図 2-6 正面から見た基本的な姿勢

●横から見た場合

頭が骨盤の上にあり、顔が前を向いている姿勢であること。
大腿部の裏側の広い面積で体重を支えられるよう、股関節、膝関節・足関節が 90 度になるように座ります（90 度ルール）。

図 2-7 横から見た基本的な姿勢

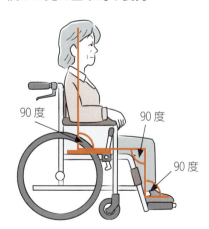

●**車いすでの姿勢を直す方法**

　俗に言われる「ずっこけ姿勢」のことを「仙骨座り」といいます。

　仙骨座りは背部と臀部の2点で身体を支えています。この状態が長く続くと、仙骨や尾骨のあたりに床ずれができてしまいます。

　そのため、姿勢を正しく直す必要があります。

図 2-8　車いすでの仙骨座り

図 2-9　仙骨と尾骨の位置

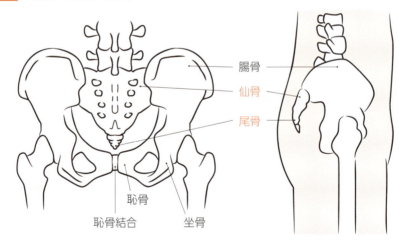

姿勢を直すにあたっては、二つの方法を示しますが、必ず車いすのブレーキをかけておきます。

① アームサポートに手をつき、前傾姿勢をとり、圧中心点を足底から臀部でつくられた支持基底面(じきていめん)のなかに置きます。
　　身体を左に傾けて圧中心点を左の臀部に乗せ、右の臀部を後ろにすべらせます。
　　次に右に傾けて左の臀部を引きます。
　　この方法を繰り返し行い、臀部を深く座ります（図2-10）。

図2-10　姿勢を直す方法①

② アームサポートに手をついて、身体を前傾にし、足は床につけて少し引いておきます。
　こうすると、重心が前方に移動して圧中心点が足底に移り、臀部を浮かすことが容易になります。
　　両足を床に踏ん張って臀部を浮かせ、一気に臀部を後ろに引きます（図2-11）。

図2-11　姿勢を直す方法②

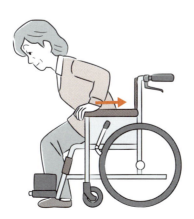

なぜ 1
端座位でいる利用者の健側に、15度～20度の角度で車いすを置くとよいのは、なぜですか？

　端座位でいる利用者の健側に、15度～20度の角度で車いすを置くとよいのは、アームサポートに健側の手が届きやすいだけではなく、少ない回転動作で移乗することができるからです。

　ベッドから車いすへ移乗するときには、身体を回転させて車いすに座ります。

　ベッドと車いすを平行にした場合、回転する角度が90度と最も少ないのですが、ベッドと車いすの間に車いすの大車輪があり、ベッドとフットサポートの間に空間ができてしまいます（図2-12の左）。

　この空間がなくなるように、そして回転距離が極力少なくなるようにするため、フットサポートの先をベッドに向けて角度をつけ、15度～20度とします（図2-12の右）。

　ちなみに、車いすを45度につけた場合は135度、また、90度につけた場合は180度の回転が必要となり、かなり移乗がしにくくなります。

図 2-12　車いすを置く位置

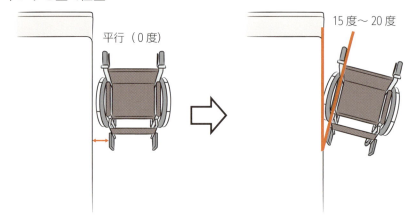

なぜ 2
車いすへ移乗するとき、臀部の向きや、足の向きと位置、手の向きに気をつけるのは、なぜですか？

　車いすへ移乗するとき、臀部の向きや、足の向きと位置、手の向きに気をつけるのは、車いすに移乗しやすいからです。

● 端座位から車いすへ移乗する前に…
① 臀部を車いすの方に向けておきます。
　立ち上がってからの臀部の移動距離が短くなり、移乗しやすくなります。
② 手や足の向きは、車いすの前の方に向けておきます。
　臀部を車いすの方に向けると自然にそのようになりますが、手を握り直したり、足を踏みかえたりする必要がなく、移乗することができます。
③ 健側の足は向こう側のキャスタ近くで、力の入る位置に置きます。
　健側の足に体重を乗せて前傾姿勢になることで、臀部が浮き、立ち上がりやすくなります。

● 車いすに座るときに…
① 利用者は、前傾姿勢で臀部を突き出すようにして、ゆっくりと座ります（図 2-13）。
② 介護者は、膝を曲げて利用者と一緒に腰を下ろしていきます。まっすぐの姿勢のままでは座ることができません（図 2-13）。
③ 安全に、そして安楽に座っているか、確認することが大切です。

図 2-13　車いすに座るときの留意点

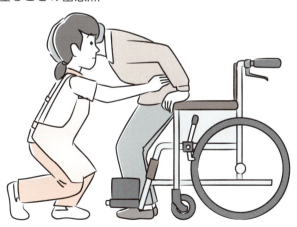

豆知識 その1

車いすのサイズ

車いすを利用者に合わせることで、基本姿勢を保つことができます。

図 2-14　車いすを利用者に合わせる際の留意点

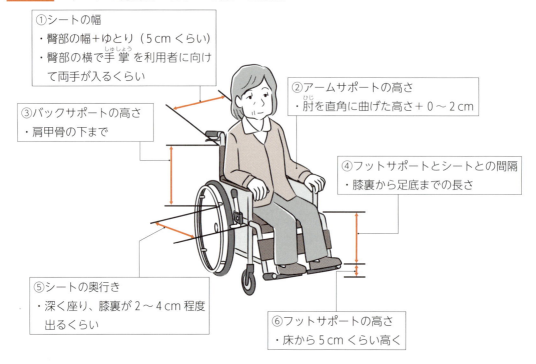

①シートの幅
- 臀部の幅＋ゆとり（5cmくらい）
- 臀部の横で手掌を利用者に向けて両手が入るくらい

②アームサポートの高さ
- 肘を直角に曲げた高さ＋0～2cm

③バックサポートの高さ
- 肩甲骨の下まで

④フットサポートとシートとの間隔
- 膝裏から足底までの長さ

⑤シートの奥行き
- 深く座り、膝裏が2～4cm程度出るくらい

⑥フットサポートの高さ
- 床から5cmくらい高く

④ 車いすで移動する

基本的な介護の流れ

①車いすの押し方…両手でグリップを深く、しっかりと握り、前後左右に注意してゆっくり押していく。

留意点①
静止しているときは両側のブレーキをかける。
・車いすの横に立って、片手はグリップを握り、もう一方の手でブレーキを完全にかける。

②坂道の上り方・下り方
 (1)上り坂…介護者は身体を少し前傾して、押し戻されないようにしっかり押す。

 (2)ゆるやかな下り坂 → ❓なぜ 1
  …前向きで、車いすを後ろに引くようにする。

③急な下り坂…後ろ向きで、一歩一歩ゆっくりと下りる。介助用ブレーキを軽くかける。 →なぜ1

留意点②

砂利道では、キャスタを上げてゆっくり押していく。 →なぜ2

利用者の首が不安定な場合は、車いすを後ろ向きで引っぱっていく。

なぜ 1

車いすで移動するとき、ゆるやかな下り坂では前向きで、急な下り坂では後ろ向きになるのは、なぜですか？

　ゆるやかな下り坂では前向きで、急な下り坂では後ろ向きになるのは、安全に坂を下るためです。

　ゆるやかな下り坂では、普通の押し方で、手前に引くような感じでゆっくり進みます（図 2-15）。

　一方、急な坂では前向きに進むとスピードが出て恐怖を感じます。後ろ向きになって下るほうが安全で、安心です。しっかりグリップを握り、両足を前後に大きく開き、足元や後方の安全を確認しながら、一歩ずつゆっくりと下っていきます（図 2-16）。

　いずれの場合でも利用者が前かがみにならないように、しっかりとバックサポートにもたれるようにします。利用者の身体の支持基底面が広くなると、姿勢が安定します。

図 2-15　ゆるやかな下り坂での車いす移動

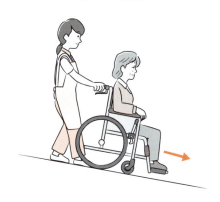

図 2-16　急な下り坂での車いす移動

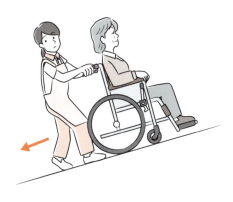

砂利道では、キャスタを上げて ゆっくり車いすを押すのは、なぜですか？

　キャスタが砂利道にはまりやすく、ときにはめり込んでしまうため、砂利道ではキャスタを上げて、ゆっくり車いすを押しながら移動します（図2-17）。

　介護者は車いすにできるだけ近づき、ティッピングレバーを踏み、キャスタを上げ、肘を下方に伸ばしてグリップを押し下げることで、安定した走行ができます。

　砂浜のようなところでは、キャスタだけではなく、大車輪も埋没してしまいます。そうしたときには、遠回りしてでも安全で平らな道を選ぶようにしましょう。

図 2-17　砂利道での車いす移動

④ 車いすで移動する

基本的な介護の流れ

①段を上がるとき
　段差の直前で真正面に止まる。ティッピングレバーを踏んでキャスタを上げて段に乗せ、後輪を押し上げる。

②段を下りるとき
　後ろ向きになって、後輪を下ろし、キャスタを上げた状態で、ティッピングレバーを踏んで、そのまま引いてキャスタをゆっくりと下ろす。

留意点①
ティッピングレバーを活用する。

・段を上がるときは段差の直前で真正面に止まる。ティッピングレバーを踏み、グリップを押し下げキャスタを上げる。→ なぜ 3

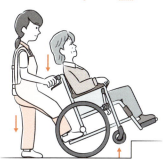

留意点②
段を下りるときは、後ろ向きになって後輪を下ろす。
→ なぜ 4

③溝を越えるとき
　(1)キャスタを上げてそのまま前進し、溝を越えたらキャスタを下ろす。

　(2)後輪が溝にはまらないように浮かせて前進し、溝を越えたら後輪を下ろす。

車いすで段を上がるとき、ティッピングレバーを踏むのは、なぜですか？

　車いすで段を上がるとき、ティッピングレバーを踏むのは、てこの原理を活用することで、キャスタを楽に段に上げるためです。

　図 2-18 のように、支点を大車輪の接地面とすると、足でティッピングレバーを踏むのを力点、作用点としてキャスタを浮かせることができます。

　ティッピングレバーは、真下ではなく、斜め前に力がかかるように踏みます。

　そのとき、介護者は軽く腰を落とし、膝を曲げ、グリップは手前方向に押し下げます。

図 2-18　てこの原理を活用した車いす移動

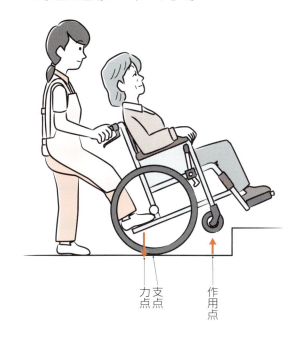

なぜ 4
車いすで段を下りるとき、後ろ向きになって後輪を下ろすのは、なぜですか？

　車いすで段を下りるときに、後ろ向きになって後輪を下ろすのは、安全に段を下りるためです。

　前向きで下りた場合、利用者が前のめりになり、転倒・転落する危険性があります。

　後ろ向きになって後輪を下ろす際に、介護者が大腿部(だいたいぶ)の前面や側面をバックサポートに押しつけて行うと、利用者は安定感が得られそれによって安心感を与えることができます。

5 杖で歩行する ―片麻痺がある場合―

基本的な介護の流れ

①介護者は利用者の患側後方に立つ。

②杖を一歩前に出す（三動作歩行）。

イチ

③患側の足を出す。

ニッ

④両足をそろえる。

サン

留意点①

適当な長さの杖を選び、安全を確認する。

・足の先より前方と外側にそれぞれ15cmほどのところに杖先をついたときに、肘の角度が30度くらいになるのが目安となる。→なぜ1
・杖の先のゴムがすり減っていない。

留意点②

介護者は利用者の患側後方に立つ。

留意点③

二動作歩行は、杖と患側の足を一緒に出す。次に健側の足を出す。

なぜ 1

杖を持つとき、肘の角度は 30 度くらいを目安とするのは、なぜですか？

　杖を持つとき、肘を30度くらいの角度にするのは、その角度が、腕に最も力が入りやすい角度だからです。

　この角度でしっかり杖をついたときに、上肢の支持性が高まります。

　具体的には上腕三頭筋が最大の力を引きだす角度が30度くらい曲がった状態ですので、杖で身体を支えやすくなります。

　上腕三頭筋は「二の腕」とも呼ばれ、肘を伸ばすための筋肉です。

図 2-19　腕の筋肉（伸展と屈曲の関係）

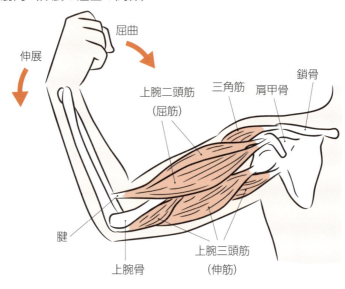

　なお、杖の長さが合っていないと、圧中心点が支持基底面の中央から外れてしまい、バランスをくずしてしまいます。

6 杖で階段を昇降する
—片麻痺がある場合—

基本的な介護の流れ

①階段を上るとき
(1)介護者は患側後方に位置し、患側の腕と腰を支える。杖を出す。

(2)健側の足を出し、最後に患側の足を引き上げる。

留意点①　階段の上り下りにおける杖と足の運び方
・階段を上るときは杖を出してから健側の足を踏み出す。
・下りるときは杖を下ろしてから次に患側の足を下ろす。→ なぜ 1

留意点②
介護者は利用者が転倒しないように患側から患側の腕を支え、一方の手は腰にそえて身体を支える。

②階段を下りるとき
(1)介護者は患側前方に位置し、段をまたいで立つ。杖を下ろす。

(2)患側の足を下ろし、最後に健側の足を下ろす。

留意点③　障害物を越える場合
1）杖を出す。
2）患側の足を出し、障害物をまたぐ。
3）健側の足を出し、障害物を越える。

❓なぜ 1
階段の上りでは最初に健側の足を踏み出し、下りでは最初に患側の足を下ろすのは、なぜですか？

　階段の上りでは最初に健側の足を踏み出し、下りでは患側の足を最初に下ろすのは、安全に階段の上り下りを行うためです。

●階段の上りでは…
　下段に残っている足を階段の上に引き上げる際には、上段にある足の力が必要になります。そのため、健側の足を先に一段上へ上げます。
　また、膝の屈伸が求められます。健側の膝を曲げて一段上に足を出したら膝を伸ばし、体重をかけながら患側の足を引き上げます。

●階段の下りでは…
　片方の足を下ろしたとき、上段に残っている足は膝を曲げた状態で力を入れておく必要があります。
　そのため、残っている上段の足にかなりの負荷がかかります。
　したがって、健側の足を残しておきます。

豆知識 その2

主な杖
🫘ロフストランド・クラッチ
前腕と握りの2か所で支えるので、握力の弱い人に適しています。

図 2-20　ロフストランド・クラッチの使い方

● T字杖

バランスの補助として、また、足への荷重を減らす目的で使用されています。

＜使い方＞

① 人差し指を杖の支柱に沿うように置きます。そして、残りの指で握ります。

図 2-21　T字杖の使い方①

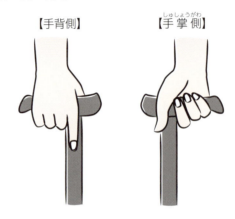

② 人差し指と中指で、杖の支柱をまたぐようにして握ります。

図 2-22　T字杖の使い方②

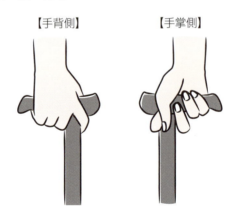

多点杖
1本杖より安定しますが、平らでない路面では、逆に不安定になります。

図 2-23　多点杖の使い方

歩行器型杖（ウォーカーケイン）
サイドケインとも呼ばれ、杖と歩行器の中間的存在といえます。
4点で床面に接しているため、支持基底面が広く、安定しています。
身体の横に置いて片手で持ち、体重を支持して歩行します。

図 2-24　歩行器型杖（ウォーカーケイン）の使い方

Ⅲ 食事の介護

① 座位で食事をする
② ベッド上で食事をする
　―長座位の場合―
③ ベッド上で口腔を清潔にする

① 座位で食事をする

基本的な介護の流れ

① 「一汁三菜」を基本として配膳する。 →なぜ 1

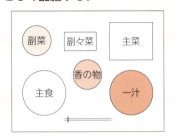

② 座位の姿勢をとる。

③ 介護者は利用者の右斜め前方に座る。

④ 食後、歯みがきを行う。

留意点①
排泄をすませ、手を清潔にする。 →なぜ 2

留意点②
誤嚥を防ぐために、安定した座位の姿勢をとる。
・両膝がテーブルの下に入る。
・床に足がつく。 →なぜ 3
・脊柱を伸ばし、少し前傾姿勢になる。
　　　　　　　　　　　　　　　→なぜ 4
・深く腰かけ、肘を90度くらいにして置けるテーブルの高さとする。 →なぜ 5
・テーブルとの間は握りこぶし一つ分のスペースをとる。 →なぜ 5

(良い例)　　　　　　(悪い例)

留意点③
最初にお茶や汁ものをとってもらう。
　　　　　　　　　　　　→なぜ 6

 主食を左側に置くのは、なぜですか？

　和食の場合、一汁三菜の配膳を基本とします（図 3-1）。一汁三菜とは、主食であるご飯と汁もの、おかず3品（主菜1品、副菜2品）で構成された献立のことです。

　日本には、「左上位」という考え方があります。これは、「大切な心臓がある左が上位である」という昔からの考え方です。

　したがって、稲を育て、コメを食する日本人の大切な主食（ご飯）は、お膳に向かって左側に置きます。そして、食べるときに器を持ち上げない主菜や副菜などは、主食の向こう側に置きます。

　なお、最近では一汁三菜にあまりこだわることなく、食べやすいように並び替えて食べることが多くなっています。

図 3-1　一汁三菜の配膳例

なぜ 2
食事の前に排泄をすませるのは、なぜですか？

　食事中にトイレへ行きたくなるのは、本人にとって落ち着いて食事をすることができず、つらいものです。また、周りの人も不快になるでしょう。
　そのためにも、食事の前には排泄をすませておきます。
　高齢になると、膀胱がしぼんで縮むため、膀胱に少しの尿がたまった状態でも尿意をもよおします。成人に比べると、高齢者の1日あたりの尿量や排尿回数は変化します（表3-1）。
　また、病気や薬の服用により、排尿の回数が多くなることがあります（豆知識 その1）。

表 3-1　1日の尿量と排尿回数

	高齢者	成人
1回の尿量	100～150ml	200～300ml
1日の排尿回数	6～10回	4～8回

豆知識 その1

頻尿をきたす病気

過活動膀胱
通常、尿は腎臓でつくられ、尿管を通って膀胱に運ばれてきます。膀胱に尿が充満すると大脳に信号が送られて尿意を感じます。
過活動膀胱では、膀胱に尿が十分にたまっていない状態で膀胱が勝手に収縮するため、急に尿意をもよおし、トイレに行く回数が多くなります。また、尿意が起きると我慢できず、トイレに入る前に尿が出てしまうこともあります。
80歳以上で4割近くの人に認められるといわれています。

前立腺肥大症
前立腺は男性特有の生殖器です。膀胱のすぐ下にあり、尿道の周りを囲んでいます。
前立腺肥大症の原因はまだ解明されていませんが、加齢とともに前立腺が肥大するため、尿道が圧迫されて尿道がせまくなり、排尿障害をきたします（図3-2）。
昼夜関係なくトイレに行く回数が増え、尿の出方が悪く、排尿時間が長くなり、終わってもまだ尿が残っている感覚があります。また、排尿が終わったと思い、下着をつけると、尿がだらだらと漏れて下着を汚すこともあります。

80歳までには8割の人がなり、前立腺肥大症の6割前後の人が過活動膀胱を合併していると推測されています。

図 3-2 前立腺（正常な状態と肥大した状態）

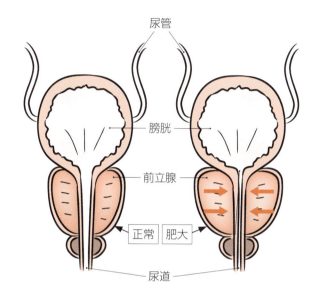

頻尿をきたすことがある薬
降圧利尿剤

血圧を下げるために使用される薬のなかに降圧利尿剤があります。この薬を服用すると、尿と一緒に体内の余分な塩分（ナトリウム）の排出が促されて、血圧が下がる効果があります。その一方で、尿を頻繁に排出させるため、服用している人はトイレに行く回数が多くなります。

なぜ 3
座ったときに、床に足がつくようにするのは、なぜですか？

　両足の裏を床につけることで体重がかかり、身体が安定します。また、筋肉が緊張することで気持ちも引きしまります。

　両足の裏全体が床につくようにするためには、その人に合ったいすを選びます。そのとき、背もたれはあったほうが安定しますが、深く腰かけ、臀部と背もたれに隙間ができないようにします。

図 3-3 　いすに座って食事をするときの姿勢

　車いすは、移動を目的とする福祉用具ですので、食事をするときには、できるだけ車いすからいすに移るようにします。

　車いすからいすに移ることができない場合には、いすに座った状態と同じ基本的な姿勢をとれるようにします。

具体的には、次の点に注意します。
① フットサポートから足を下ろして両足を床につけます（図3-4）。
② 足が浮いた状態であれば、足台などを置いて身体を安定させます（図3-5）。
③ 後傾した座面に対しては、バスタオルなどを低いほうへ入れ、平らになるよう工夫をし、座位の安定を図ります（図3-6）。

図3-4　両足を床につける

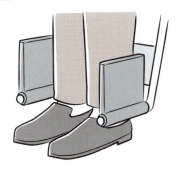

図3-5　足台などを置いて身体を安定させる

図3-6　座位の安定を図る

なぜ 4
食事をするときに、少し前傾姿勢をとるのは、なぜですか？

少し前傾の姿勢をとることにより、咽頭と気管に角度がつき、食べ物が食道へ入りやすくなり、誤嚥しにくい状態となります（図3-7）。

目安としては、口角と耳の穴を結んだ線が前下がりになる状態（＝軽くうなずくような状態）が望ましいといえます。

図 3-7 口腔から食道までの側面図（前傾姿勢）

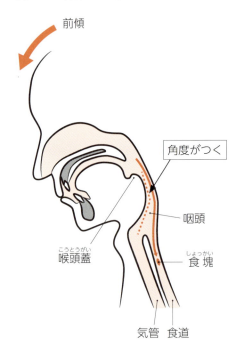

豆知識 その2

食事の動作と、主な観察ポイント

食事の一連の動作には、認知期、準備期、口腔期、咽頭期、食道期という段階があり、これを摂食・嚥下の5分類といいます。この段階ごとに、主な観察のポイントをまとめると、表3-2のようになります。

表3-2 摂食・嚥下の5分類

分類	主な観察のポイント	障害
認知期（食べ物を認識し、摂食の準備をする）	・食べ物に無反応 ・食べ物をむさぼるように口に詰め込む	・食べ物を認知できない ・食べる速さの判断ができない
準備期（食べ物を咀嚼し、食塊にする）	・咀嚼に時間がかかる ・口の中で食べ物がまとまらない ・よだれが出ている ・食べ物が口からこぼれる	・歯牙の欠損、舌・頬の運動障害や感覚障害により咀嚼困難となり、食塊をつくることができない ・口輪筋が十分動かず、口唇の閉鎖が不十分となる
口腔期（食塊を舌によって咽頭に運ぶ）	・口の中にいつまでも食べ物が残っている ・飲み込みが容易にできない ・飲み込むときに上を向く	・舌をうまく動かすことができないため、食塊の咽頭への送り込みが難しくなる
咽頭期（食塊が咽頭から食道へ運ばれる。最も誤嚥が起こりやすい）	・鼻から食べ物が出てしまう ・食べた後に声が変わる（ガラガラ声） ・食後に咳が出る ・食べるときにむせる ・のどに食べ物の残留感がある	・嚥下の反射運動の障害により、軟口蓋（鼻へ通じる部分）や喉頭蓋（気管へ通じる部分）が閉じない ・咽頭収縮期の機能の低下により、咽頭から食道への食塊の移送がスムーズにいかない
食道期（食塊が食道から胃に入る）	・嚥下したものが口の中に戻ってくる ・就寝中に咳が出る	・下部食道括約筋の機能低下のため、食塊の逆流が起こる ・誤嚥を起こしやすくなる

なぜ 5
肘を90度くらいにして置けるテーブルの高さにし、テーブルとの間に、握りこぶし一つ分のスペースをとるのは、なぜですか？

・テーブルの高さ……肘を乗せて肘が90度に曲がるくらいにする
・テーブルと上体との間隔……握りこぶし一つ程度をとる

　こうした状態をとることにより、次のような利点があります。

① 腕が自由に動かしやすくなります。
② 料理を目で確認でき、食べ物をとりやすくなります。
③ 食べ物を口に運びやすくなります。
④ 腹部の圧迫感も減少します。

　なお、テーブルとの間隔が適切であったとしても、テーブルが高すぎる場合は、あごを上げた姿勢になり、前傾姿勢がとりづらくなるので、誤嚥の危険性があります。また、食べ物を口に運ぶまでの動作も困難になります。
　逆に、低すぎると食器から口までの距離が遠くなり、食べ物をこぼしやすくなります。

食事の最初にお茶や汁ものなどの水分をとってもらうのは、なぜですか？

　口腔内や食道をしめらせ、食べ物の通りがよくなるように、食事の最初にお茶や汁ものをとってもらうようにします。最初に水分をとってもらうことで、誤嚥を防止するとともに、咀嚼もしやすくなります。

　なお、食べ物を安全に嚥下するためには、口腔に入った食べ物を咀嚼し、唾液と混ぜ合わせることで、飲み込みやすい食塊にする必要があります。食塊をつくるためには、①咀嚼するための上下の歯があること、②舌や頬の機能があること、③十分な唾液があることが大切です（豆知識 その3）。

豆知識 その3

唾液の分泌

刺激唾液と安静時唾液

1日に分泌される唾液の量は、およそ1〜1.5ℓといわれています。

食べ物をかむことによって唾液腺が刺激され、唾液の分泌がよくなります。これを刺激唾液といいます。かめばかむほど唾液は分泌されます。

また、何もせず安静にしているときでも、少量ですが唾液は分泌されています。これを安静時唾液といいます。しかし、睡眠中はほとんど分泌されません。

大唾液腺と小唾液腺

唾液腺は唾腺とも呼ばれ、組織の大きさから大唾液腺と小唾液腺に分けられます。

大唾液腺は、唾液を口腔に排出する導管をもっていて、耳下腺、顎下腺、舌下腺があります（図3-8）。

① 耳下腺

　耳の前下方に広がっている最大の唾液腺です。食事をしているときなどに、水のようなサラサラした漿液性の唾液を多く分泌します。

② 顎下腺

　下顎の内側にある唾液腺です。何もしていない安静時に、混合性の唾液を多く分泌します。

③ 舌下腺

　下の前歯の内側にある口腔粘膜（口腔底）の下にあります。舌下小丘部付近に開口していて、ネバネバした粘液性の唾液を分泌します。

小唾液腺は、口腔内の粘膜に広く分布していて、口唇腺、頬腺、舌腺、口蓋腺、臼歯腺などがあります。これらには導管はありません。

図 3-8　唾液腺

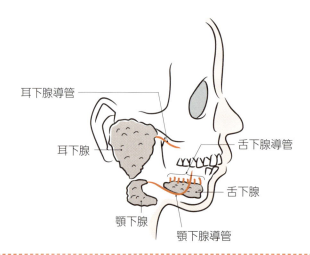

豆知識 その4

水分補給の重要性

🫘高齢者が脱水を起こしやすい理由

① 細胞内液の減少

　身体の中の水分を体液といいます。高齢者は体液が体重の50％にまで減ります。特に細胞内液が減り、水分の蓄えが少ない状態となります。

	成　人	高齢者
細胞外液	20％	20％
細胞内液	40％	30％
全体液量	60％	50％

② 腎機能の低下

　加齢に伴い腎臓の濃縮力が低下すると、老廃物を排泄しにくくなり、多くの尿が必要となって、多量の水分が必要になってきます。

③ 口渇中枢の感受性の低下

　加齢により感覚機能の低下がみられるようになると、水分が不足してものどの渇きを感じにくく、水分をとろうとせず、脱水になります。

高齢者の水分補給

人間は、1日に約2500mlの水分を必要としています。
食べ物には、約1000mlの水分が含まれています。
体内でつくられている代謝水は約300mlとなっています。そのため、食事以外に1日1000〜1500mlの量の水分をとる必要があります。

また、人間は、1日に約2500mlの水分を体外へ排出しています。
肺や皮膚などから意識しないで失っている水分を不感蒸泄といい約900mlを、尿として約1500mlを排出し、便には水分が約100ml含まれています。

摂 取 (2500ml)		排 泄 (2500ml)	
食べ物の水分	1000ml	不感蒸泄	900ml
代謝水	300ml	尿	1500ml
飲料水	1000〜1500ml	便	100ml

このように、身体に入った水分量と出た水分量のバランスはとれていますが、発汗などで水分が失われる場合、1日に摂取する水分量を増やさなければ、身体のバランスが崩れてしまいます。
加齢とともに代謝が衰え、体内に蓄えられている水分が成人に比べて少なく、脱水になりやすい高齢者には、こまめな水分補給が必要になります。

② ベッド上で食事をする―長座位の場合―

基本的な介護の流れ

① 食膳を整え、必要物品を準備する。ベッドの上部を上げて座位にする。

② 保温に注意し、ガウンなどを着せて手を清潔にする。

③ 状態によっては、確認をとりながら、寝衣や寝具を汚さないように工夫をする。

留意点①

食べやすい座位にする。

1) 上半身を起こし、少し前傾姿勢にする。
2) 膝の下に当て物を置く。→ なぜ 1
3) テーブルを近くに置く。

→ なぜ 1

留意点②

利用者の状態に応じて、食べやすいように介助する。

④利用者が1人で食べることができるときには見守る。

⑤食後に口腔(こうくう)を清潔にする。

留意点③
食後しばらくの間は上体を起こしておく。
→なぜ 2

上体を起こし、少し前傾姿勢にして、膝の下に当て物を置くのは、なぜですか？

　通常、生活のメリハリをつけるために、食堂と寝室を別にします。これを寝食分離といいます。加齢などによる身体機能の低下や体調不良などにより、やむを得ずベッド上で食事をとる場合がありますが、安全に、快適に行うことが求められています。

　上体を起こし、軽く前傾姿勢をとるのは、ベッド上でも安全で、安楽に食事をするためです（図3-9）。この状態にすることで、重力により食塊を食道へ送り込みやすくなり、誤嚥を防止します。

　いすに座って食事をするときと同じように、上体を起こし、少し前傾姿勢になると、咽頭と気管に角度がつき、食道の入口が広くなるので、嚥下反射がしやすく、安全に食事をすることができます。

　膝の下に当て物を置くのは、安楽な姿勢をとるためです。

　膝を軽く曲げた状態で、膝の下にクッションなどを置けば、腹部の緊張を緩和させることができます。上体を起こし、両足を伸ばした長座位は安楽な姿勢とはいえません。クッションなどを活用し、ベッドと身体の隙間をなくすことで支持基底面が広くなり、安定した安楽な状態になります。

図 3-9　ベッド上で食事をするときの姿勢

なぜ 2
食後、しばらくの間、上体を起こしておくのは、なぜですか？

　誤嚥を避け、胃酸の逆流を防ぐためです。そして、ゆったりした気分で食後を過ごすためにも、しばらくの間上体を起こしておきます。

① 誤嚥を避ける

　食後すぐに横になってしまうと、重力の関係で、胃の中にある食べ物が逆流し、気道に入り、誤嚥する危険性があります。上体を起こし、座位に近い状態であれば、物理的にも誤嚥のリスクを避けることができます。

② 胃酸の逆流を防ぐ

　食後は胃酸が大量に分泌されていますので、食道へ流れ込むことのないよう、ベッドをギャッチアップしておくようにします。

　通常は逆流を防ぐ下部食道括約筋がはたらいていますが、高齢者の場合、加齢により機能が低下し、逆流を起こしやすくなっています。逆流した胃酸によって食道が炎症を起こし、逆流性食道炎になる可能性があります（図 3-10）。

③ ゆったりした気分で食後を過ごす

　食事を終え、すぐに横になると、「おいしかった」「満足した」という余韻を楽しむことができません。食堂での食事と同じように、食後のひとときは上体を起こした状態で、談話をしたり、ゆっくりとお茶などを味わったりして、心地よい時間をもつことが大切です。

図 3-10　下部食道括約筋のはたらき

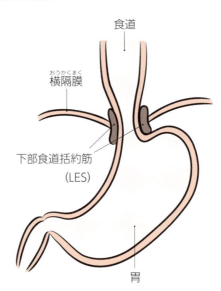

③ ベッド上で口腔を清潔にする

基本的な介護の流れ

①姿勢を整える。

②前歯、奥歯、歯の裏側、かみ合わせ部分などをブラッシングする。

90°　　　　　45°

必要物品
・小物はトレイにのせて準備する

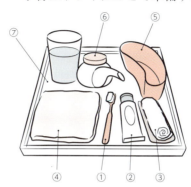

①歯ブラシ
②歯みがき剤
③おしぼり
④タオル
⑤ガーグルベースン（うがいをした汚水を受ける器）
⑥吸いのみまたはコップ
⑦トレイ

留意点①　歯みがきの介助の方法

1）鉛筆を持つように歯ブラシを持つ。

→ なぜ 1

2）歯ブラシの毛先を歯面に対して90度、歯肉溝は45度に当てる。

3）歯ブラシを小きざみに動かし、みがく。

→ なぜ 2

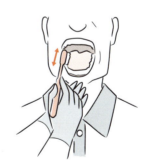

③水またはぬるま湯でよくすすぎ、ガーグルベースンに出す。

④口の周りをふく。

留意点②　うがいの方法
1）座位の場合
・水を口にふくみ、左右に数回ブクブクと移動させる。
2）側臥位の場合
・口角に近い部分にガーグルベースンを当てる。

→なぜ 3

・頬のふくらみにガーグルベースンの凹面を密着させる。
・下側になった口角より、うがいした汚水を舌で流し出す。

なぜ 1
鉛筆を持つように歯ブラシを持つのは、なぜですか？

　自分で歯をみがく場合でも、介護者が行う場合でも、歯ブラシは鉛筆を持つように「ペングリップ」にすることで、力の入りすぎを防ぐことができます（図 3-11）。

　鉛筆を持つような感覚で、短めよりは若干長めにし、手のなかに空間をつくるように歯ブラシを持つと圧をコントロールすることができ、小きざみに動かすことができます。

　毛先が広がらない程度の軽い力で「ゴシゴシ」ではなく、「シュッシュッ」という感じでみがきます（豆知識 その5）。

　必要以上に力を入れすぎると、歯や歯肉を傷つけてしまうので、注意が必要です。

図 3-11　歯ブラシの持ち方

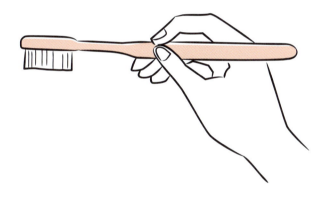

豆知識 その5

歯ブラシの当て方

歯の外側をみがくときは、歯ブラシの毛先を歯面（歯と歯肉の境目、歯と歯の間）にきちんと直角に当てます（図3-12）。

歯の内側をみがくときは、歯ブラシを斜め45度くらいの角度にして、毛先が歯肉の縁（ふち）に軽く接するように当てます（図3-13）。

図 3-12　歯ブラシの当て方（直角）

図 3-13　歯ブラシの当て方（斜め45度）

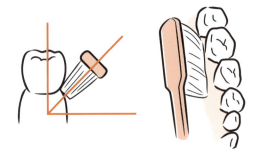

その他、みがく場所に合わせて、歯ブラシの全面、わき、つま先、かかとを使い分けると、より効果的に歯みがきを行うことができます（図3-14）。

図 3-14　歯ブラシの効果的な使い方

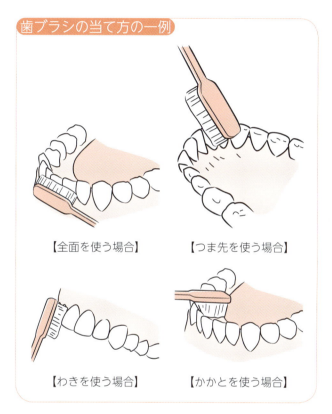

歯ブラシの大きさ
・指2本分の幅

図 3-15　歯ブラシの大きさ①

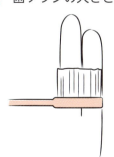

・下の前歯の舌側に入る程度

図 3-16　歯ブラシの大きさ②

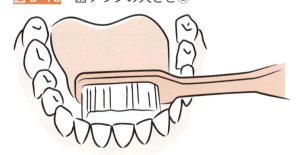

歯みがき剤の量

・1cm程度

図 3-17　歯みがき剤の量

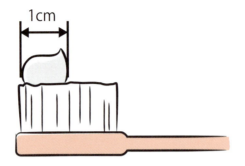

歯ブラシの交換時期

・毛先がヘッドの外側にはみ出してきたとき（図 3-18）
・毛にコシがなくなってきたとき
・汚れていたり、毛の根元に垢がついていたりしたとき

図 3-18　歯ブラシの交換時期

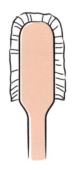

なぜ 2
歯ブラシを小きざみに動かしたほうがよいのは、なぜですか？

　歯ブラシを小きざみに動かすと、歯の隙間のみがき残しが減ります。

　通常歯ブラシは、5〜10mm幅を目安に、左右に小きざみに動かして、1か所あたり20回程度、1〜2歯ずつみがきます。

　歯ブラシを大きく動かした場合、毛先が歯と歯の隙間に入らず、歯垢（言葉の説明）をきれいに落とすことができません。また、奥から手前へ小きざみに移動させることで、みがき残しの歯もなくなります（豆知識 その6）。

言葉の説明

📖 歯垢

口腔内にはたくさんの細菌がいます。たとえその菌が歯に付着したとしても、唾液によって流されますが、流されない場合はその場で増殖を始めます。

口腔内で繁殖した細菌は、ネバネバした物質を出し、それと一緒に歯に付着し、白いかたまりとなって住みつきます。この細菌のかたまりのことを歯垢（プラーク）といいます。

歯垢はうがいでは取り除くことができません。歯ブラシでみがかないと除去できません。歯垢が残ってしまうと虫歯や歯周病、口臭などの原因となります。

豆知識 その6

みがき残しの多い部分

図 3-19　みがき残しの多い部分

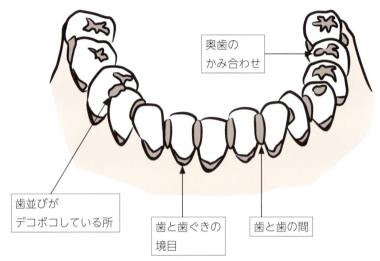

言葉の説明

📖 **8020（はちまるにいまる）運動**

あなたの歯は何本ありますか？

永久歯は28本です。

厚生省（現・厚生労働省）と日本歯科医師会では、1989（平成元）年から、「80歳になっても20本以上の自分の歯を保とう」という運動を推進しています。

この運動には、「生涯を通じて自分の歯で食べる楽しみを味わうことができるように」との願いが込められています。

口角に近い部分にガーグルベースンを当てるのは、なぜですか？

　口角に近い部分にガーグルベースンを当てるのは、側臥位の状態で、うがいし終わった水を口から流し出すとき、頬に伝わって流れる不快感を少しでも避けると同時に、水が頬とガーグルベースンの隙間からこぼれないようにするためです。

　利用者の顔を手前側に向け、あごを引き、口角の下側の頬にぴったりガーグルベースンの凹部を当てます（図3-20）。うがいし終わった水は、口角からガーグルベースン内に静かに流してもらいます。

　なお、介護者がガーグルベースンを支え、水のこぼれを防ぎ、不快感を与えないように配慮することも必要です。

図 3-20　ガーグルベースンの当て方

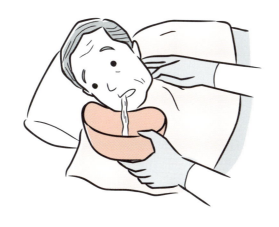

IV 衣服の着脱の介護

① 座位で衣服を交換する
　―かぶりの衣服、片麻痺がある場合―
② ベッド上で寝衣を交換する
　―前開きのパジャマ・片麻痺がある場合―

① 座位で衣服を交換する
―かぶりの衣服、片麻痺がある場合―

基本的な介護の流れ

①室温を調整する。介護者の手を温めておく。 →なぜ 1

②脱ぐときは前身頃、後身頃をできるだけ上までたくし上げる。

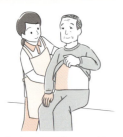

③脇の下から、肘を抜くように介助し、健側のそでを脱ぐ。頭を抜いてから患側のそでを脱ぐ。

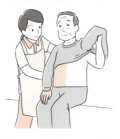

④患側の手、頭、健側の手の順に着替える洋服を着る。

留意点① 着脱の方法 ―そのⅠ―

・脱ぐ方法
　前身頃、後身頃をできるだけ上までたくし上げ、最初に健側のそでを脱ぎ、次に頭、最後に患側のそでを脱ぐ。

・着る方法
　患側のそでを通し、次に頭、最後に健側のそでを通す。

留意点② 着脱の方法 ―そのⅡ―

・脱ぐ方法
　前身頃、後身頃をできるだけ上までたくし上げ、最初に頭を脱ぎ、次に健側のそで、最後に患側のそでを脱ぐ。

・着る方法
　患側のそでを通し、次に健側のそでを通し最後に頭を通す。

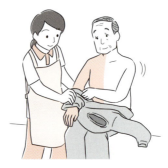

● そのⅠ、そのⅡどちらの方法でも「脱健着患」の原則に従って行う。→なぜ 2

⑤ズボンは立位にて膝まで下げ、座位になって健側から脱ぐ。着替えるズボンは患側の足から通し立位にて腰まで上げる。

留意点③
残存機能を活用する。

留意点④
頭をえりぐりに通すときは、えりぐりを広げ、顔に衣服がひっかかるのを避ける。

留意点⑤
ズボンの着脱の際は、患側のかかとを支えながら行う。

留意点⑥
立位でズボンの着脱を行うときは、患側の膝を保護し、安定した立位で行う。

> 注：プライバシー保護のため、スクリーンやバスタオルを使用するが、イラストでは省略してある。

室温だけでなく、介護者の手の温度にも配慮するのは、なぜですか？

　介護者の手の温度にも配慮するのは、利用者に不快感を与えないためです。

　衣服の着脱の介護では、介護者は利用者の手足を支えたりします。利用者の身体に触れたときに介護者の手が冷たいと、利用者に不快な思いをさせてしまいます。介護者はあらかじめ、手を温めておくような配慮が必要です。

　冬季では衣服も温めておくことで、快適に衣服の交換ができます。

　もちろん、室内の温度調節も大切です。

　私たちは、衣服を脱ぎ、裸になると寒さを感じます。衣服の着脱の際、急激な温度変化の影響を防ぐために、まずは室内の温度を調整し、環境を整えることから準備を始めます。

　高齢者の場合、体温を調節する機能が低下していることがありますので、室温には特に気をつける必要があります。

　高齢者のふだんの室温の目安として、夏季26℃前後、冬季20℃前後とします。

　冬季には、ふだんの室温より2℃〜3℃高く設定しておくことで、衣服を交換する最中も寒さを感じないですみます。

なぜ 2
「脱健着患」が原則となるのは、なぜですか？

「脱健着患（だっけんちゃっかん）」を原則とするのは、片麻痺（かたまひ）がある利用者の場合、麻痺のある側に負担をかけず、衣服の着脱が楽にできるようにするためです。

「脱健着患」とは、片麻痺や痛みなどによって手足を動かしにくい利用者に対して、「衣服を脱ぐときは健側（けんそく）から、着るときは患側（かんそく）から行う」ことを意味します。

「健側」とは、麻痺や痛みなどがない側、「患側」とは、麻痺や痛みなどがある側をいいます。

「脱健着患」の原則に基づいて衣服の着脱を行うことで、手足を自由に動かすことのできない患側に負担をかけることもなく、また、自由に動かすことのできる健側の手足を十分に活用することができます。

こんなやり方も！

前開きの衣服を脱ぐ場合

かぶりの衣服だけでなく、前開きの衣服を着脱する場合も、「脱健着患」の原則で行うと安全・安楽にできます。

前開きの衣服を脱ぐ場合、原則にしたがって健側のそでから脱いでいきますが、その前に患側の衣服を肩まで下げておくことで衣服にゆとりができ、さらに脱ぎやすくなります。

図 4-1 前開きの衣服を脱ぐ手順

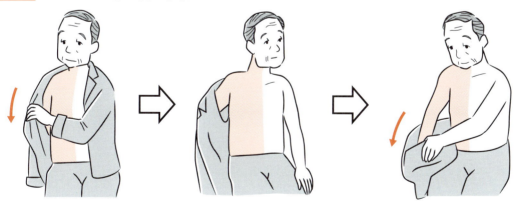

2 ベッド上で寝衣を交換する
―前開きのパジャマ・片麻痺がある場合―

基本的な介護の流れ

①ボタンを外した後、患側のパジャマの肩口を少し広げておく。健側のそでを脱がせる。健側の膝を立て、腰を上げさせ着ていたパジャマを身体の下に丸める。

②側臥位にして肌の露出を避け、患側のそでを脱がせ、着ていたパジャマを取り除く。着替えるパジャマに患側のそでを通し、仰臥位にする。健側のそでを通す。

③ズボンは、腰を上げ膝下まで下げて健側下肢から脱がせる。

必要物品

①着替えるパジャマ
②バスタオル
③スクリーン
④洗濯かご

留意点①

着替えるパジャマをそでだたみにして患側におく。
→ なぜ 1

留意点②

最初に患側のパジャマの肩口を少し広げておくと健側上肢のそでが脱ぎやすくなる。

留意点③

脱ぐときは健側から、着るときは患側から行う。

留意点④

麻痺のある手を着替えるパジャマのそでに通すときには、迎えそでとする。→ なぜ 2

留意点⑤

健側のパジャマのそでを通すときにそでぐりを利用者の脇より下のほうに置く。→ なぜ 3

④患側のかかとを支え、着替えるズボンをはかせる。しわ、ねじれ、たるみを確かめ、全体を整える。 →なぜ 4

留意点⑥
ズボンの着脱の際は患側のかかとを支えて行う。

留意点⑦　ズボンの着脱の方法
1）腰を上げ、ズボンを上げ下げする。
2）腰が上がらない場合は、側臥位にて行う。

注：プライバシー保護のため、スクリーンやバスタオルを使用するが、イラストでは省略してある。

なぜ 1
着替えるパジャマをそでだたみにして、患側に置いておくのは、なぜですか？

　着替えるパジャマをそでだたみにして、患側(かんそく)に置いておくのは、効率よくパジャマの交換をできるようにするためです。

　着替えるパジャマのボタンをはずし、そでだたみ（図 4-2）にし、縦長にして患側に準備しておきます。

　このようにしておくと、パジャマの左右もわかりやすくなるため、反対側のそでに腕を通す間違いを防ぐことができます。

図 4-2　そでだたみの方法

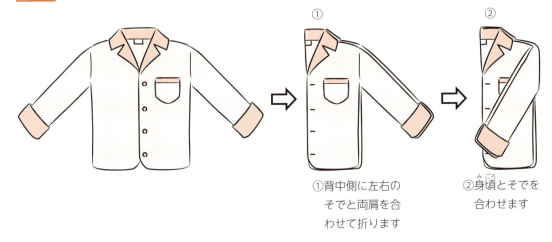

①背中側に左右のそでと両肩を合わせて折ります

②身頃(みごろ)とそでを合わせます

【そでだたみにしたパジャマの着せ方】
① 仰臥位にして、健側上肢の汚れたパジャマのそでを脱がせて、内側に丸めるように身体の下に入れ、患側を上にした側臥位にします。
② 身体の下に入れておいた汚れたパジャマと、そでだたみにした着替えるパジャマの前開きの部分を併せ持って手前に引き、利用者にかけます。
③ 患側のそでを脱がせ、着ていたパジャマを取り除きます。
④ 着替えるパジャマに患側の手を迎え手として通します。
⑤ 仰臥位とし、健側のそでを通します。

このようなやり方をするのは、汚れたパジャマを背中から取り除き、着替えるパジャマを背中にかけるのを同時に行い、肌の露出を避けるためです。

図 4-3 そでだたみにしたパジャマの着せ方

なぜ 2
患側の手を着替えるパジャマのそでに通すとき、迎えそでにするのは、なぜですか？

　迎えそで（言葉の説明）にする場合、利用者と介護者の手掌（しゅしょう）を合わせるようにして患側の手関節（かんそく）を下から支えることで、患側の上肢に負担をかけずに、そでを通すことができます。
　着替えるパジャマのそでに指先が引っかからないように、迎えそでをして患側の腕を通し、一方の手でそでを肩に向かって引き上げて着せていきます。

言葉の説明

📖迎えそで

迎えそでとは、衣服の着脱の介護で、着替える衣服のそでに利用者の腕を通すとき、あらかじめそのそでをたぐっておいて、そで口から介護者の手を通していき、利用者の手を迎えることをいいます。

豆知識 その1

パジャマの洗濯

寝ているときは皮膚の新陳代謝が活発になるため、「汗」や「皮脂」がよく分泌されます。睡眠中の動きや寝返りがパジャマの繊維にそれらの汚れを擦り込んでいることになります。洗濯しないパジャマを着続けることは、汚れが次の汚れの吸収をさまたげることになります。含気量が減り、保温性や通気性が少なくなり、皮膚に冷感を与えたりします。
そのため、汚れを取り除いた洗濯された清潔なパジャマに交換することは、衛生面、健康面から大切になってきます。

🫘 汗

睡眠中は体温を調節するために、およそ「コップ1杯」の汗をかきます。夏の就寝時には約2倍以上といわれています。眠りにつくと発汗が始まり、次第に減少し始め、明け方には少なくなります。
汗の中にある水分が蒸発すると、汗の中に含まれている塩化ナトリウム、尿素、乳酸等が残り、パジャマを変色させたり、繊維を弱くします。

🫘 皮脂

皮脂とは人体の皮脂腺から分泌されます。皮膚の表面に脂肪膜をつくり、皮膚を保護していますが、皮脂がパジャマにつくことで、汚れとなってしまいます。
皮脂は他の汚れを付着してしまう特性があり、空気中のほこり、ちりなどが一緒になり、落としにくい汚れになってしまいます。そして、パジャマの繊維内に入り込んだ皮脂の汚れは空気に触れ、酸化し、黄ばんでしまいます。

なぜ 3

健側上肢のそでを通すときに、そでぐりを利用者の脇より下のほうに置くとよいのは、なぜですか？

　健側上肢のそでを通すときに、そでぐりを利用者の脇より下のほうに置くのは、スペースが広くなって健側の上肢が動かしやすく、そでに腕が通しやすくなるからです。

　健側上肢のそでを通すときに利用者の手のひらを下に向け、肘関節を「く」の字にして、指先からパジャマのそでぐりに通してもらいます（図4-4）。

　介護者はパジャマのそでを肩まで引き上げていきます。

図 4-4　健側上肢のそでの通し方

なぜ 4
着脱後、しわやねじれ、たるみを確認するのは、なぜですか？

　着替えたパジャマにしわやねじれ、たるみが残っていると、着心地が悪くなります。

　それだけでなく、しわやねじれ、たるみが刺激となって、床ずれの原因になることがあります。

　なお、「床ずれ」については、【Ⅰ　体位変換の介護】の 豆知識 その2 で解説しています。参考にしてください。

Ⅳ 2　ベッド上で寝衣を交換する―前開きのパジャマ・片麻痺がある場合―

V

入浴・清潔保持の介護

① 浴室で入浴（洗身・洗髪）する
② ベッド上で手浴をする
③ ベッド上で足浴をする
④ ベッド上で清拭をする
　―背部清拭―

① 浴室で入浴（洗身・洗髪）する

基本的な介護の流れ

①体調を確認する。入浴前に排泄をすませる。

②足元（末梢）から徐々に上（中枢）へ向かって湯をかけ、入浴する。　→ なぜ 1

③浴槽の湯の温度に気をつけ、片麻痺がある場合は健側の足から入る。　→ なぜ 2

④手足は身体の中心部に向かって洗う。洗髪する場合は、シャワーの温度に気をつけ、爪を立てないように指の腹で頭皮を洗う。

浴室の確認

・浴室内の温度…22℃±2℃
・湯の温度…40℃前後

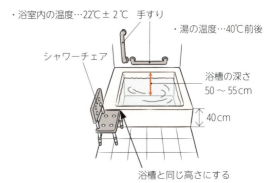

・シャワーチェアの高さを浴槽の高さと同じにする

→ なぜ 3

留意点①

安全に入浴するための工夫をする。

【浴槽内いす】　【滑り止めマット】
【手すり】　【バスボード】

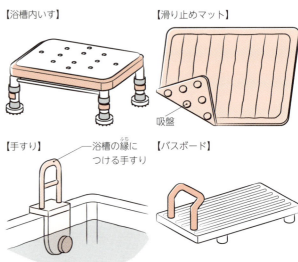

⑤入浴後は体調を確認し、水分を勧める。

留意点②
末梢から中枢に向けて湯をかけていく。

留意点③
片麻痺がある場合は、健側の足から浴槽に入る。

留意点④
湯は40℃前後とし、入浴所要時間は15分くらいとする。

留意点⑤
入浴後は水分の補給を行う。→ なぜ 4

留意点⑥
入浴が不可能な場合はシャワー浴とする。

Ⅴ 1 浴室で入浴（洗身・洗髪）する

なぜ 1
足元から徐々に上に向かって湯をかけるのは、なぜですか？

　足元（末梢）から徐々に上（中枢）に向かって湯をかけるのは、心臓に負担をかけないようにするためです。

　入浴の介護では、心臓から離れた末梢から湯をかけていき、血管を徐々に広げていきます。

　湯をかけるときは、最初に介護者の腕などにかけてから利用者の足元にかけ、湯の温度が適温かどうかの確認をします。片麻痺がある利用者の場合、患側の感覚がにぶくなっているため、健側の足に湯をかけるようにします。

　具体的には、介護者がシャワーヘッドを軽く押さえながら、湯の温度や強さの確認をして、末梢から中枢に向かって湯をかけていきます。

豆知識 その1

高齢者の場合、一番風呂はよくない？

🫘 浴槽の湯と浴室の温度差

浴槽に湯が張ってあったとしても、浴室が冷えていた場合、その温度差が身体に大きな負担となります。これをヒートショックといいます。血圧や脈拍が急に変動し、心臓や脳に負担をかけ、心筋梗塞や脳出血、脳梗塞を引き起こし、意識を失い、結果として溺死することもあります。

ヒートショックを防ぐためには、事前に暖房器具や、シャワーで壁や床に熱めの湯をかけて、浴室を暖めておきます。

🫘 不純物の少なさ

誰も入っていない浴槽には不純物が少ないため、熱い湯の刺激がそのまま皮膚へと伝わり、身体にかかる負担も大きくなり、疲れやすくなります。

また、体液と湯の濃度が異なるため、浸透圧がはたらき、皮脂やナトリウム、カリウムなどのミネラル分を流出させます。したがって肌は乾燥し、かさつきます。

対策としては、入浴剤を入れることが最も手軽な方法といえます。

🫘 水道水の塩素

水道水の中には塩素が入っています。塩素は、皮膚のうるおいを保つ皮脂や皮膚のミネラル分と結合して、体内からそれらを奪ってしまいます。その結果、保湿機能が低下し、乾燥肌にします。

日本には古くから身体を温める目的で、ゆずの皮を風呂に入れる風習がありますが、ゆずやミカン、レモンなどの柑橘類の皮に含まれているビタミンCは、塩素を中和させ、皮膚を守るためにも効果が大きいといわれています。

柑橘類が手に入りにくいときには、レモン果汁などを活用するのも一工夫です。

Ⅴ-1 浴室で入浴（洗身・洗髪）する

なぜ 2
片麻痺がある場合、健側の足から浴槽に入るのは、なぜですか？

健側(けんそく)の足から浴槽(よくそう)に入る理由としては、次のようなことがあげられます。

① 湯の温度が確かめられる
② 浴槽に健側の足底がつき、踏ん張りがきく

患側(かんそく)の足は、感覚がにぶくなっているために、湯の温度を的確に察知することが困難です。また、力を入れることが難しいため、浴槽の湯のなかで足が浮いてしまい、身体が不安定になる危険があります。

豆知識 その2

入浴の三大要素

🫘 温熱作用

入浴で温められた血液が全身をめぐり、身体を温めます。

34〜37℃	不感温度	入浴しても、熱くも冷たくも感じない温度
37〜39℃	微温浴	副交感神経が優位になり、心身をリラックスさせ、心拍数や血圧の変化も少ない。
39〜42℃	温浴	交感神経を刺激し、心拍数が増え、血圧が上昇する。
42℃〜	高温浴	交感神経がはたらき、新陳代謝(しんちんたいしゃ)が高まるが、心臓などへの負担が大きい。

🫘 静水圧作用

湯船に入ることで、水面下に沈んだ身体の深さに応じて水圧が加わります。

全身浴	肩から下が静水圧を受けるため、心臓にもどる血液量が多く、心臓への負担が大きくなる。
半身浴	胸から下が静水圧を受けるため、心臓にもどる血液量が少ない。

図 5-1　静水圧作用（全身浴と半身浴）

【半身浴】

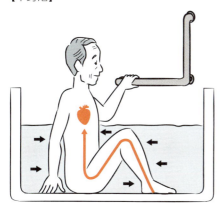

【全身浴】

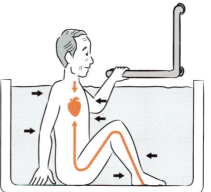

浮力作用

浴槽のなかでは身体が軽くなり、体重が9分の1程度になります。

- 浮力に伴い、関節や筋肉への負担が軽減されるため、麻痺した手足の機能訓練などに活用することができる。
- 浮力が強くなり、安定感が低下し、バランスがくずれやすくなる。

なぜ 3
シャワーチェアの高さを浴槽と同じにしたほうがよいのは、なぜですか？

シャワーチェア（言葉の説明）の高さを浴槽と同じにしたほうがよいのは、浴槽への出入りの動作を楽にするためです。

シャワーチェアの高さを浴槽と同じ 40cm くらいにしておくことで、段差がなく、シャワーチェアから浴槽へ、浴槽からシャワーチェアへの移乗が容易になります（表 5-1）。

座面の平らなシャワーチェアであれば、移乗しやすく有効です。

表 5-1　浴槽への入り方

① シャワーチェアの座面の高さを浴槽の縁に合わせます。できるだけ浴槽側に座ります。	② シャワーチェアの座面に手をつき、一方の手で手すりを持ち、片足ずつ浴槽に入ります。適宜、臀部を浴槽の縁にずらしていきます。	③ 前傾姿勢で、膝を曲げながら、ゆっくりと湯につかります。
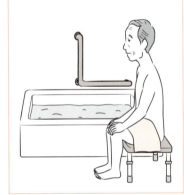		

言葉の説明

📖 シャワーチェア

シャワーチェアは、介護保険では福祉用具購入対象用品となります。

シャワーチェアを使用すると、身体を洗うときに安定性を保つことができ、介助がしやすくなるほか、浴槽への出入りも容易になります。

シャワーチェアを選択する場合は、主に身体機能と用途に応じて、背もたれ、肘かけの有無などを検討する必要があります。

種類も豊富にありますが、その一例を紹介します。

① 自立度が高く、立ったり座ったりが自分で容易にできる利用者には…

図 5-2　シャワーチェア（背なし）

② 座位のバランスが安定している利用者には…
　自分で洗う場合も介護者が介助して洗う場合も使いやすいです。

図 5-3　シャワーチェア（背付き）

③ 座位のバランスが悪く、ふらつきがある利用者には…
　肘かけがあると安定します。
　肘かけが跳ね上げ式のほうが浴槽への移乗が便利です。

図 5-4　シャワーチェア（肘かけ付き）

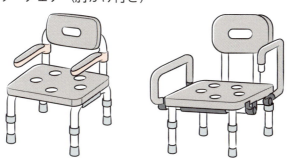

豆知識 その3

身体の汚れやすいところ

図 5-5 汚れやすい身体の部位

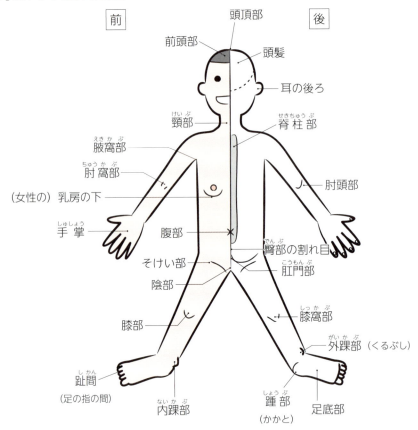

身体を洗う場合、汚れはシャンプーや石けんなどと一緒に下のほうへ流れていきます。したがって、身体の上から下へと洗っていくのが望ましいです。

なぜ 4
入浴後に水分補給を勧めるのは、なぜですか？

　入浴中は発汗作用により水分を失い、脱水状態になります。体内の水分が減ると、血液がドロドロになって、血管が詰まりやすくなったり、破れたりしやすくなります。
　これらのことを防ぐために、入浴後の水分補給（言葉の説明）は必須となります。

言葉の説明

📖 水分補給

通常、入浴すると 300 ～ 500 ml の汗をかきます。汗をかくと血液の血漿量が減って粘稠度が高まり、ドロドロの血液になります。ドロドロの血液を全身に流すために圧力をかける必要があり、血圧の上昇が起こり、脳梗塞や脳出血、心筋梗塞になる危険が生じます。

これらのことを回避するためには、入浴後の水分補給は大切であるとともに、入浴前の水分補給も効果的です。

具体的には、コップ1杯の水分を入浴前に飲み、体内の水分量を増やしておきます。こうすることで、入浴中に老廃物と一緒に汗となって出ていきます。

なお、水を飲んでから 15 分くらいでサラサラの血液になりますので、入浴する 15 分くらい前に水分補給を行うようにします。

また、入浴後には入浴中に失った水分を補給します。

汗をかくとナトリウムやカリウムなどが失われますので、スポーツドリンクを飲むことで体液の濃度が保たれ、効果的です。また、熱によりビタミンCがそこなわれますので、オレンジジュースなども理想的です。

ただし、ビールなどのアルコールは避けましょう。利尿作用がありますので脱水状態になります。

V
1
浴室で入浴（洗身・洗髪）する

豆知識 その4

入浴中の事故

高齢者の入浴中の事故は、交通事故の4倍にも及ぶといわれています。
入浴中の事故は、特に12月から2月の冬の時期に発生し、ほとんどが浴槽内(よくそうない)で起きています。

- 長湯をして身体が温まると、血管が広がり、血圧が下がります。いきなり立ち上がると血圧が一気に下がり、一時的に脳の血流量が不足して、めまいやふらつきを起こします。
- 浴室の床が濡(ぬ)れているため、転倒し、骨折することがあります。
- 浴槽内では浮力のため体重が9分の1程度になります。身体が軽くなり、バランスがくずれやすくなって転倒し、溺れることがあります。
- 飲酒後の入浴は、酩酊(めいてい)していなくても、危険です。飲酒すると一時的に血圧は下がります。入浴時にも血圧が下がります。その相乗作用により、最悪の場合、気を失い、溺れてしまうおそれがあります。
- 入浴中の発汗による脱水状態で血液がドロドロ状態になり、脳梗塞や脳出血、心筋梗塞の引き金にもなります。

冬季における入浴時の血圧の変動

1	2	3
暖かい部屋から寒い脱衣室へ行き衣服を脱ぐ	寒い浴室へ行く	熱い湯に入る
血圧上昇 ↑	血圧上昇 ↑	血圧上昇 ↑

4	5	6
浴槽内でしばらく身体を温める	浴槽から出る	寒い脱衣室で衣服を着る
血圧下降 ↓	血圧下降 ↓	血圧上昇 ↑

Ⅴ
1
浴室で入浴（洗身・洗髪）する

② ベッド上で手浴をする

基本的な介護の流れ

① 状態により安楽な体位を整える（仰臥位）。

② 防水布の上にバスタオルを重ね、手の下に敷く。

③ 洗面器に手をつける。

④ 手を洗い、新しい湯でかけ湯をし、タオルでふく。

必要物品

・小物はトレイにのせて準備する。

①枕
②防水布
③バスタオル
④ウォッシュクロス
⑤石けん
⑥タオル
⑦洗面器
⑧ピッチャー
⑨湯温計
⑩湯（39℃前後）
⑪トレイ

留意点①

・状態により安楽な体位を整える。

1) 座位の場合（手浴のみではなく、洗面も行う）

2) 側臥位の場合

留意点②

・湯の温度は39℃前後とする。

⑤爪を切る。 →

留意点③　爪を切るとき
・深爪をしない。
・しっかり指先を持って安定させる。

なぜ 1
手浴後に爪を切るのは、なぜですか？

　手浴後に爪を切るのは、手浴後は、爪が湯につかって水分を吸収し、しっとりと、やわらかくなっているため、切りやすいからです。切るときに、爪に負担がかかりにくくなります。

【手の爪の切り方】
- 高齢者の爪はもろくて割れやすいため、爪の端から、数回に分けて切っていきます。
- 爪の白い部分が1mm程度残るように切ります。
- 爪の左右は、角を落とす程度に少しだけカットします。
- 最後にやすりをかけて整えますが、二枚爪防止のため、やすりは一方向に動かします。

図5-6　手の爪の切り方

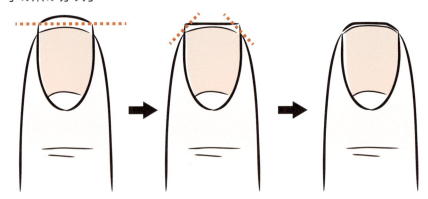

【介護者による爪切り】
　2005（平成17）年7月に、厚生労働省から「医師法第17条、歯科医師法第17条及び保健師助産師看護師法第31条の解釈について」という通知が出されました。この通知により、専門的な管理が必要でない爪切りなどは医行為にあたらないと示されました。
　「爪そのものに異常がなく、爪の周囲の皮膚にも化膿や炎症がなく、かつ、糖尿病等の疾患に伴う専門的な管理が必要でない場合に、その爪を爪切りで切ること及び爪ヤスリでやすりがけすること」と、介護者による爪切りの定義が明確化されました。

豆知識 その5

爪

爪の特徴

- 爪は、皮膚の成分のたんぱく質がケラチンという固い組織に変化したものです。
- 10～15％の水分を含み、乾燥した冬には爪が割れやすくなります。
- 爪の下に毛細血管があるため、爪の色はピンク色をしており、圧迫すると白くなります。
- 爪は爪母（そうぼ）という部分でつくられ、伸びています。
- 手の爪は1日で0.1mm、足の爪はその2倍近くかかって伸びます。

爪の構造

図 5-7 爪の構造

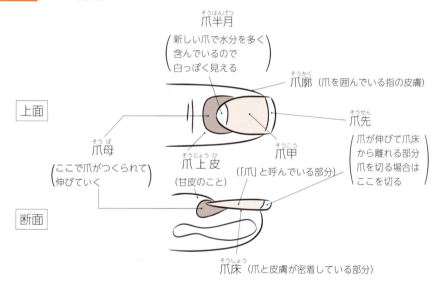

🫘 爪の老化現象

・爪の表面に縦線が入ります。

・つやのない色になります。

・厚くなり、もろく、割れやすくなります。

図 5-8　老化した爪の状態

🫘 手・足の爪の機能

・手足の爪があることで、外的刺激から指先が保護されます。

・手の爪があることで、指で物をうまくつかむことができます。

・足の爪があることで、スムーズに歩くことができます。

3 ベッド上で足浴をする

基本的な介護の流れ

① 膝までをバスタオルでおおい、安楽な体位とする。

② 防水布の上にバスタオルを重ね、膝下から足元まで敷く。

③ 足浴用洗面器に39℃前後の湯を用意し、両足をつける。 →なぜ 1

必要物品

・小物はトレイにのせて準備する。

①枕
②バスタオル
③ウォッシュクロス
④軍手
⑤防水布
⑥ピッチャー
⑦石けん
⑧パウダー
⑨湯温計
⑩洗面器
⑪湯（39℃前後）
⑫バケツ
⑬トレイ

留意点①

安楽な体位にする。

1）膝関節を曲げ、膝裏に枕などを当てる。
2）上半身を高くする。
3）座位が可能な場合、いすに座ったり、端座位にて行う。

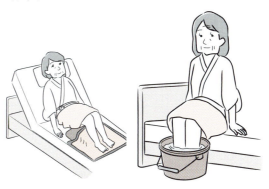

④かかとをしっかり支えて片足ずつ洗う。 →❓なぜ 2 、

足の指の間は軍手を用い、丁寧に洗う。 →❓なぜ 3

留意点②　足底部の洗い方

・くすぐったさを軽減するために、ウォッシュクロスを丸め、一方の方向に向けて力強くこする。

⑤新しい湯で洗い、バスタオルで足をふき、足の指の間は必要時パウダー等を使用する。

注：プライバシー保護のため、スクリーンを使用するが、イラストでは省略してある。

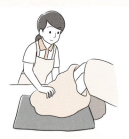

湯の温度に配慮するのは、なぜですか？

足浴のときに湯の温度に配慮するのは、足の皮膚温が全身のなかで最も低いからです。

足背は温度に敏感で、40℃以上の湯では熱く感じます。したがって、はじめはそれ以下の湯に足をつけます。具体的には、39℃程度の湯を準備します。

洗い終わった後は差し湯をして適温にし、しばらく足を温めておきます。洗い終わって足を温めておく時間は5〜10分程度を目安にします。

40℃〜42℃程度の湯に10分程度足をひたしておくと、足がピンク色になり、身体も温かくなってきます。10分を超えると疲れが生じることがあるので、注意が必要です。

かかとをしっかり支えるのは、なぜですか？

　足浴のときに、かかとをしっかり支えるのは、介護者にとっても利用者にとっても安定感と安心感があるからです。

　介護者は、利用者の下腿を前腕で支えるようにして、下腿の下から手を入れ、かかとを手のひらで持ちます。このことで、利用者は、下肢に力を入れずに上げておくことができます。

足の指の間を、軍手を用いて洗うのは、なぜですか？

　石けんをつけた軍手を用いることにより、足の指の間をきれいに洗うことが容易にできるからです。

　足の指は指同士が密着していることもあり、汚れや垢（あか）がたまりやすく、足のにおいも強くさせます。足の指の間にはウォッシュクロスが入りにくく、洗うのが困難です。

　そこで、軍手をはめて、石けんを泡立てながら洗います。軍手の指で足の指の付け根も簡単にきれいに洗うことができます。

　洗う前に数分間足を湯につけておくことで、汚れが落ちやすくなります。

4 ベッド上で清拭をする―背部清拭―

基本的な介護の流れ

①体位を整え、不必要な部分をタオルケットやバスタオルでおおう。

②熱めに固くしぼった数枚のタオルを広げて背部に当て、さらに乾いたバスタオルを当てて熱を浸透させる。

③ウォッシュクロスに石けんをつけて清拭する。

必要物品

・小物はトレイにのせて準備する

①タオルケット
②バスタオル
③ウォッシュクロス
④タオル
⑤洗面器
⑥ピッチャー
⑦石けん
⑧湯温計
⑨パウダー(またはオイル)
⑩トレイ
⑪バケツ
⑫湯

留意点①

温度をよく確かめて準備する。

1)熱布清拭するとき…熱めのタオル→ なぜ 1
2)清拭するとき…50℃〜55℃→ なぜ 2

留意点②

側臥位または腹臥位とし、筋肉の走行に沿ってふく。

→ なぜ 3

留意点③

ウォッシュクロスは、きちんと巻く。

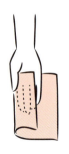

④新しい湯でふき、乾いたタオルで水分をふきとる。

⑤清拭した部位を軽くマッサージする。

留意点④
背部清拭後パウダーなどを両手掌にとり、平均した圧力を加え、マッサージを行う。→ なぜ 4

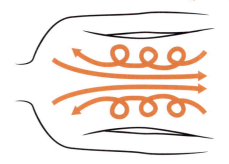

留意点⑤
全身清拭の場合、四肢は末梢より中枢に向かってふく。→ なぜ 5

注：プライバシー保護のため、スクリーンを使用するが、イラストでは省略してある。

なぜ 1

熱布清拭をするとき、熱めのタオルを使うとよいのは、なぜですか？

　熱布清拭のときに、熱めのタオルを使うとよいのは、入浴に近い感じを得ることができるからです。

　温熱を持続させるために、バスタオルやタオルを数枚重ねて使用します。それらを70℃前後の湯にひたし、しぼります。しぼったバスタオルなどを介護者の皮膚が薄く温度感覚が敏感な前腕内側に当て、湯温を確かめます。利用者にも熱すぎないことを確かめます。

　背部を熱布清拭するときは、熱めのバスタオルなどを利用者の頸部から仙骨部まで当て、その上に乾いたバスタオルをかけて、5～10分ほど蒸らします。少し押さえ、熱を浸透させることでさらに身体が温まり、入浴と同じくらいの爽快感が得られます。

　しかし、このとき、皮脂の汚れを落とすことはできません。熱布清拭と石けんでの清拭を組み合わせることで、より効果が上がります。

【熱めのタオルのつくり方】

① 軍手の上にゴム手袋をはめて、しぼります。

② タオル数枚を重ねて、両端を湯につけないでしぼります。

 なぜ 2

清拭をするときに
50℃〜55℃の熱めの湯を準備するのは、なぜですか？

　清拭するときに熱めの湯を準備するのは、時間が経つうちに、また、ウォッシュクロスをゆすぐたびに湯の温度が下がっていくためです。

　54℃の湯を10ℓのポリバケツに放置した場合、10分間で約3℃湯温が低下するといわれています。また、ウォッシュクロスを手に巻きつけている間にも、湯の温度はさらに下がります。

　したがって、清拭に用いる湯は、手を入れてウォッシュクロスをゆすぐことができる温度を目安にします。

　ウォッシュクロスで一定の範囲をふいている間にも湯は次第に冷めていきますが、ウォッシュクロスを肌から離さないように、密着させてふくことで、冷めたことをそれほど感じさせません。

　背部は冷覚が最も敏感な部位ですから、差し湯をし、できるだけ熱めの湯で清拭することで、爽快感を味わってもらうようにします。

筋肉の走行に沿ってふくのは、なぜですか？

　筋肉の走行に沿ってふくのは、筋肉を刺激して活性化させるためです。
　筋肉の中には多くの毛細血管が細かく分布しています。また、筋肉は縦方向に収縮します。筋肉の走行に沿って圧力をかけてふくことで、血液循環が促され、筋肉も刺激され、廃用を防ぐことにもなります。
　特に臥床状態が続く利用者の場合、背部に圧迫が加わり、床ずれになりやすいため、背部の清拭やマッサージが必要になります。
　なお、「床ずれ」については、【Ⅰ　体位変換の介護】の豆知識 その❷で解説しています。参考にしてください。

背部清拭をした後、マッサージをするとよいのは、なぜですか？

　清拭すると皮膚が清潔になりますし、血液循環もよくなります。そして、最後にマッサージをすることで、より爽快感が増します。

　マッサージをすると、副交感神経が活発になり、リラックス状態になります。

【背部のマッサージの方法】
① 利用者を側臥位か腹臥位にし、介護者は利用者の臀部あたりで頭部の方向に向いて立ちます。
② パウダーなどを手にとり、すべりやすくします。
③ 利用者の希望を聞きながら、手のひら全体を使って、脊柱に沿って軽く圧迫を加えていきます。

　臥床状態の場合、背部は最も圧迫されやすい部位です。血流障害を受け、床ずれの初期段階である発赤が見られることがあります。そのような場合、マッサージは、炎症をより進行させる刺激となるため、行ってはいけません。

なぜ 5
全身清拭をするとき、四肢は末梢から中枢に向かってふくのは、なぜですか？

　全身清拭のとき、末梢から中枢に向かって四肢（上肢と下肢）をふくのは、血液循環が促進されるためです。

　末梢から中枢に向かってふくということは、静脈血およびリンパの流れに沿っており、心臓に向かって清拭していることになります。末梢から中枢に向かってふくことで、血行がよくなるばかりでなく、筋肉の走行に沿ってふくことになりますので、筋肉の活性化にもつながります。

　また、関節を支えながらふくことで、安定し、安心と安楽を得ることができます。

【上肢の清拭法】
・手関節、肘関節を下から支え、前腕、上腕をリズミカルにふきます。
・末梢から中枢に向かって力を入れてふき、中枢から末梢に戻るときには軽くふくようにして往復させます。

図 5-9　上肢の清拭法

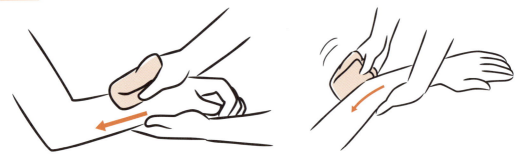

【下肢の清拭法】
- 膝を立て、足関節、膝関節を下から支えて、下腿、大腿を末梢からふきます。
- 上肢と同じように、中枢から末梢に戻るときには利用者の肌からウォッシュクロスを離さないようにふきます。

図 5-10　下肢の清拭法

VI

排泄の介護

① トイレで排泄する
　―片麻痺がある場合―
② ポータブルトイレで排泄する
③ おむつを交換する

1 トイレで排泄する―片麻痺がある場合―

基本的な介護の流れ

① 手すりを持ち、前傾姿勢で車いすから立ち上がり、身体の向きを変える。

② ズボンと下着を下ろし、便座に座った後、プライバシー保護のために腹部から大腿部にバスタオルをかける。介護者はトイレから出る。

③ 排泄後に陰部や肛門を清拭する。

④ 車いすを健側に置く。前傾姿勢で便座から立ち上がり、患側を支えながら下着とズボンを整えて、車いすに移乗する。手洗いを行う。

留意点①
便器が健側にくるように、車いすを斜めにとめる。

留意点②
排便時は、便座に座り、床に足をつけ、前かがみになり、足を少し引き、かかとを上げる。→なぜ 1

留意点③
排泄時、介護者はトイレから外に出る。→なぜ 2

留意点④
介護者は使い捨て手袋をつけて陰部や肛門を清拭する。→なぜ 3

女性の利用者では、外尿道口から肛門に向かって尿をふきとる。→なぜ 4

留意点⑤
排泄物の量、色、性状などを観察する。

留意点⑥
排泄後は手洗いを行う。→なぜ 5

 **なぜ 1**

便座に座ったとき、床に足がつき、前屈姿勢になり、足を引いてかかとを上げるのがよいのは、なぜですか？

　上記のような姿勢をとると、排便しやすくなるからです。
　トイレで便座に座り、上半身を前かがみ（前屈姿勢）にすると、直腸と肛門の角度がゆるみ、直腸肛門角（直腸と肛門の角度）が120度程度と一直線に近くなります。こうなると、便が出やすくなります（図6-1）。

図6-1 直腸と肛門の角度

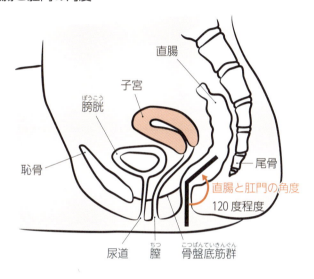

さらに、胸を大腿に近づけて両肘を膝の上に置き、より前屈姿勢をとると、自然に足が引き、かかとが浮いてきます。
　かかとが浮くと、直腸肛門角がさらに広がります。
　両足のつま先が床にしっかりつくことで腹圧がかかり、排便には効果的といえます（図6-2）。

図6-2　排便するときの姿勢①

前屈姿勢

床に足がつく　　かかとを上げる

　便座が高く、足を床につけられないと、足を踏ん張ることができません。そのようなときは、足台を置くことも必要になります。
　安定した前屈姿勢を確保するために、クッションを抱きかかえる方法もあります（図6-3）。
　いきむ力が少ないときには、脇腹を両手で押さえて腹圧をかけると、より排便を促すことができます。

図6-3　排便するときの姿勢②

豆知識 その1

便

- 便は80%が水分です。残りの固形分のうち、食べ物のかすが3分の1、剥がれた腸粘膜（ちょうねんまく）が3分の1、腸内細菌とその死骸（しがい）が3分の1になります。
- 便の茶色い色は、食べ物の消化を助ける胆汁（たんじゅう）の色です。
- 食べ物が摂取されてから、約24～72時間で便になります。
- 1日の排便量は100～250g程度です。

便意

直腸に便がある程度溜まると、直腸壁に分布している骨盤神経（こつばんしんけい）を刺激し、その興奮が脊髄（せきずい）を経て大脳に伝わり、便がしたいという便意になります。

便意は15分ほどで感じなくなります。したがって、便意を我慢すると、便意は消えてしまいます。

快適に排便を行うためには、便意を感じたらトイレで便座に座り、排泄（はいせつ）しやすい姿勢で便を排出することです。

排便に必要な力

排便をするためには、次の三つの力が必要になります。
- 便を直腸に送り込む力（＝大腸の蠕動運動（ぜんどううんどう））
- 便を上から下に落とす力（＝重力）
- 便を押し出す力（＝いきむ、踏ん張る）

Ⅵ 1 トイレで排泄する―片麻痺がある場合―

便の種類

便の硬さや性状を7段階に分類した国際的な指標として、ブリストル・スケールがあります。

1	2	3	4	5	6	7
コロコロの便	硬い便	やや硬い便	普通便	やや軟らかい便	泥状便（でいじょうべん）	水様便（すいようべん）
うさぎの糞（ふん）のように硬い	短く固まっている	水分が少なく表面がひび割れている	適度な軟らかさ。バナナやソーセージのように、ひび割れのない1本の便	水分が多く軟らかい半固形状	不定形の泥状	固形物を含まない水のような便

| 非常に遅い（約100時間） | ← 消化管の通過時間 → | 非常に速い（約10時間） |

臥床状態での排泄は困難

臥床状態での排便が困難な理由には、精神的なもののほかに、身体の構造上の問題があります。

寝ている状態では、直腸肛門角（直腸と肛門の角度）がほぼ直角で山状になっているため、便が排出されないしくみになっています（図6-4）。

腹圧で便を押し上げて排出する必要がありますが、とても困難です。臥床状態では足をつけるところがないため、いきむこともできません。また、便が上から下へ落ちるための重力がはたらくこともありません。

尿道口が上を向いて尿も出にくい状態となっています。

図 6-4　直腸と肛門の角度（寝ている状態）

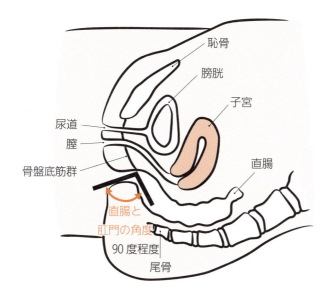

なぜ 2
排泄をしているとき、介護者がトイレから外に出るのは、なぜですか？

排泄行為は他人の目にふれてほしくないのが当たり前です。プライバシーは最大限に尊重されるべきであり、誰にも見られることなく、ゆっくりと排泄できる環境づくりが大切です。

介護者は利用者の気持ちを十分に考え、トイレの外に出て、排泄し終わったら呼んでもらいます。

豆知識 その2

排泄介護の原則

① 尊厳を守る

「下の世話だけはしてほしくない」というのは、誰しも願うことです。排泄介護にあたっては、尊厳の保持を大前提とし、気持ちよく対応する必要があります。「他人に見られたくない」という視覚的なことだけではなく、音やにおいに対しても配慮する必要があります。

② 自立への支援

一般的に、尿意・便意を感じてからトイレへ行きます。トイレでは下着をおろし、便座に座り、排泄後は清拭し、立ち上がり、衣服を整え、手洗いをします。

介護者は、この一連の動作のなかで、どの部分の支援が必要かを的確に把握し、介助を最小限に行うことが大切です。

③ 清潔の保持

陰部や肛門部は不衛生になりやすい部位です。また、排泄物は不潔なものです。常に清潔を心がけ、感染予防に努める必要があります。

④ 安全・安楽の確保

排泄により身体の状態に変化が起こる場合があります。観察を十分に行い、利用者の安全・安楽に注意し、気持ちのよい排泄ができることが求められています。

なぜ 3
介護者が手袋をつけて排泄介助をするのは、なぜですか？

介護者が手袋をつけて排泄介助をするのは、感染予防のためです。
利用者や介護者の安全を守るために手袋をつけて排泄介助をすることは、必要不可欠なことです。
スタンダード・プリコーション（言葉の説明）の考え方に基づいて、排泄介助では使い捨ての手袋を装着します（豆知識 その3）。

言葉の説明

📖 スタンダード・プリコーション
米国の疾病予防管理センター（CDC）により、1996年に発表された感染一般に対する「標準予防策」のことです。
基本理念は、「すべての患者の血液、排泄物などは感染源になる可能性があるものとして取り扱う」という考え方です。感染の有無に関係なく、すべての利用者に適用する感染予防策です。
一般的に有害ではなく、感染症を発症しない程度の菌でも、免疫力が低下した利用者にとっては感染症の原因になる可能性があります。
病院のみならず介護施設、在宅介護の現場でも、基本的な対応方法として現在、推奨されています。

豆知識 その3

手袋を使う意味
手袋は、一般的で効果的な防護用具です。介護者は、排泄物などに触れるとき、または触れる可能性があるときには、必ず手袋を着用します。
なお、介護者が媒体となって、免疫力の低下した利用者に感染することのないよう注意すべき点として、次のことがあります。

・汚染された手袋をポケットなどに入れて再利用したり、そのまま他の利用者の介護をしたりすることは避けます。
・同じ利用者でも、一つの介護ごとに手袋を替える必要があります。

・手袋には非常に小さな穴があるほか、破損することもあるため、手袋をはずしたときには、石けんと流水での手洗いをします。

手袋のはずし方

①手首に近い外側をつかむ。

②手袋の内側が表になるようにはずし、手袋をつけているほうで、はずした手袋を握る。

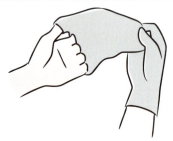

③手袋の手首の内側に手袋をはずした手の指を入れる。

④握っている手袋にかぶせるようにして、内側が表になるようにしてはずし、廃棄する。はずした後に、手洗いをする。

なぜ 4
女性の場合、排尿した後、外尿道口から肛門に向かってふくのは、なぜですか？

　外尿道口から肛門に向かってふくのは、尿路感染を起こさないようにするためです。
　女性の場合、外尿道口が膣や肛門に近いため、逆向きにふいた場合、肛門付近に付着している大腸菌などが外尿道口から侵入し、尿路感染を起こしやすくなります（図6-5）。
　女性は尿道が短いため、尿路感染症（言葉の説明）にかかりやすいといわれています。
　排尿後は、外尿道口から肛門に向かってトイレットペーパーで押さえるようにして尿をふき取ります。
　また、排便後は、肛門部を後ろに向かってふくのが鉄則です。

図6-5　外尿道口と肛門の位置

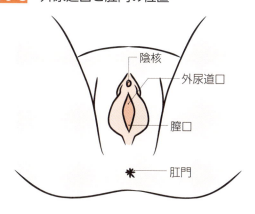

言葉の説明

📖 **尿路感染症**

尿がつくられて排出されるまでの尿路（腎臓、尿管、膀胱、尿道）に細菌が感染し、炎症が起こることを、尿路感染症といいます（図6-6）。

尿路感染症には、腎盂腎炎、膀胱炎、尿道炎などがあります。

図6-6　尿をつくり、排出する経路

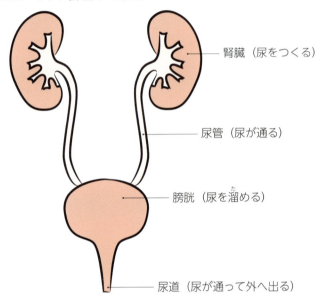

腎臓（尿をつくる）
尿管（尿が通る）
膀胱（尿を溜める）
尿道（尿が通って外へ出る）

 なぜ 5
排泄した後に手洗いが必要なのは、なぜですか？

衛生を保つためには、手洗いは大切です。

排泄後、手は汚れていないように見えるかもしれません。しかし、便と一緒に排泄された大腸菌はとても小さいので、トイレットペーパーを簡単に通過して手につきます。

便の中に含まれている腸内細菌は大腸菌やビフィズス菌などいろいろですが、病原大腸菌は下痢などを引き起こすことがあります。冬にはノロウイルスやインフルエンザなどの感染症が流行します。

また、病原菌は、便座やドアノブ、洗浄レバーなどに付着しています。トイレは雑菌の宝庫です。

感染予防のためにも、排泄後の手洗いは重要です。

豆知識 その4

排泄後の手洗い

排泄後は水だけで手を洗うよりも、ハンドソープを使用し、ペーパータオルなどでふき取る方法が望ましいです。

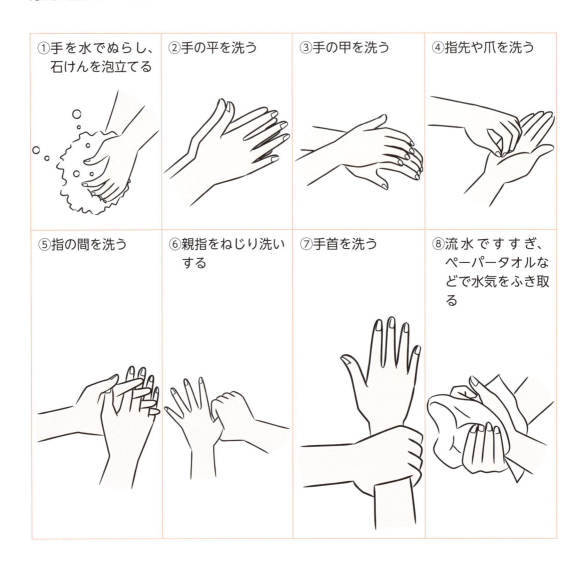

準備があれば、アルコールで除菌をすると、より効果が上がります。
なお、細菌は湿っている所で繁殖します。手洗い後はしっかりと手を乾かすことが大切です。公衆トイレなどに設置されているハンドドライヤーを使用するときは、手を完全に乾かす必要があります。使い方が不十分な場合、水滴が周りに飛び散って菌をまき散らすことにもなるので注意しましょう。

② ポータブルトイレで排泄する

基本的な介護の流れ

① ポータブルトイレを正しい位置に置く。

② 端座位をとる。

③ 浅く座り、前傾姿勢にて立ち上がる。身体の向きを変え、下着とズボンを下ろし、便座に座ってもらう。

④ バスタオルを腹部から大腿部にかける。トイレットペーパー、呼び鈴を手の届く位置に置く。

留意点①

片麻痺がある場合、ポータブルトイレは、利用者が寝た状態で、健側の足元に置く。→なぜ 1

留意点②

ポータブルトイレの前で、立った状態で下着とズボンの着脱を行う。→なぜ 2

注：プライバシー保護のため、スクリーンを使用するが、イラストでは省略してある。

なぜ 1

片麻痺がある場合、ポータブルトイレは、利用者がベッドに寝た状態で健側の足元に置くのは、なぜですか？

　利用者が寝た状態で健側の足元にポータブルトイレを置くのは、仰臥位から健側に端座位になり、ポータブルトイレへの移乗をスムーズに行うことができるためです。
　ベッドに寝た状態で健側の足元に置くことで、より利用者の自立が促されます。

片麻痺がある利用者のポータブルトイレへの移乗（必要時介護）
① 臥床状態の利用者は、介助バーを活用して健側に端座位になる。
② 浅く座り、健側の足を引き、介助バーを握って、前傾姿勢で立位をとる。
③ 介助バーにつかまり健側の足を軸にして回転し、向きを変える。
④ ズボンや下着を大腿部まで下げる。
⑤ ポータブルトイレの位置を確認し、肘かけを持って前傾姿勢になり、座る。
⑥ バスタオルを腹部から大腿部にかける。

　麻痺側や頭のほうにポータブルトイレを置いた場合、このような一連の動作が行えなくなります。

豆知識 その5

介護保険とポータブルトイレ

排泄にかかわる福祉用具は、介護保険を利用した場合、購入の対象になります。

要介護（要支援）認定を受けている場合、都道府県の指定を受けている特定福祉用具事業者からポータブルトイレを購入したとき、10万円を上限に9割（一定以上の所得者は2018（平成30）年8月より、8割または7割）の購入費が支給されます。

ポータブルトイレを選ぶポイント

ポータブルトイレの形、材質、機能はさまざまです。
利用者が安全で、快適に使えるものを選ぶ必要があります。

① 移乗したときや、座ったときに安定している。
② 座ったときに膝を直角に曲げて、足底が床に着く高さである。
③ 座ったときに足引きスペース（後ろに20cm、幅は左右40cm程度）があると、立ち上がりやすい。
④ 身体機能に合わせ、肘かけや背もたれがある。
⑤ 便座の大きさが臀部の大きさに合っている。
⑥ 手入れが簡単である。

ポータブルトイレの主な素材と特徴

樹脂製	木製
・軽いために持ち運びが簡単である ・掃除がしやすい 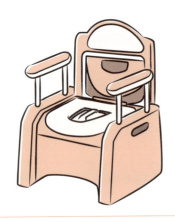	・重量があるために安定している ・家具調であるために部屋になじむ ・比較的高価である 
・**スツール型** ・介護用としては不向き（足を引くスペースがない。軽量のため移乗時に不安定で、転倒する危険がある）である ・専用の手すりを併せて使用する必要がある 	

なぜ 2
利用者がポータブルトイレの前に立ったとき、下着とズボンの着脱を行うのは、なぜですか？

　プライバシー保護の観点から、肌が露出する時間を最小限にする必要があるためです。
　排泄（はいせつ）は、その人の尊厳にかかわる行為です。「下の世話だけはしてほしくない」「排泄だけは自分一人で最初から最後までしたい」と誰もが思っています。
　しかし、身体が不自由になり、やむを得ず他人の手を借りなければならない場合があります。
　排泄の介助では、「恥ずかしい」「他人に見られたくない」という気持ちが利用者にはあります。このような気持ちをくみ取り、肌が露出する時間を最小限にするために、ポータブルトイレの前に移動してから、下着の着脱を行います。
　なお、ポータブルトイレに座ってからは、バスタオルを腹部から大腿部（だいたいぶ）にかけるなどの配慮が必要です。

3 おむつを交換する

基本的な介護の流れ

①使い捨て手袋をつけ、おむつを開き、陰部や排泄物を観察する。おむつを引き出し、内側に折りたたむ。

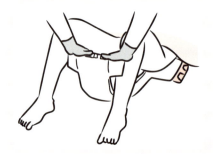

②陰部、臀部を清拭する。

③汚れたおむつを丸めて取り除く。手袋をはずす。

必要物品

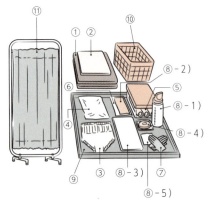

①タオルケット
②バスタオル
③おむつ
④トイレットペーパー
⑤蒸し清拭布
⑥乾いた清拭布
⑦使い捨て手袋
⑧必要時陰部洗浄用品
　1）陰部洗浄器(37℃〜39℃)
　2）ガーゼ
　3）平型おむつまたは尿パッド
　4）石けん
　5）ビニール袋
⑨トレイ
⑩汚物入れ
⑪スクリーン

留意点①

あらかじめ新しいおむつを準備しておく。
おむつを静かに広げて、縦に引っ張っておく。

→なぜ 1

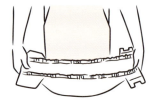

尿パッドは、おむつと同様に丁寧に広げ、両端を持って引っ張るとギャザーが立ち、尿の横漏れ防止になる。
併用するときは、おむつの立体ギャザーの内側にパッドが収まるようにセットし、尿パッドとおむつのギャザーを合わせるように重ねておく。

④新しいおむつのセンターラインと背骨を、高さは上のテープを腸骨より少し上に合わせる。
残りは丸めて身体の下に差し込む。仰臥位にして、反対側のおむつを出す。→？なぜ2

⑤おむつのギャザーを、そけい部に沿うように引き上げる。おむつのテープを止める。

留意点②
おむつを交換するときは、使い捨て手袋をつける。

留意点③
上半身にはタオルケットを、陰部にはバスタオルをかけ、プライバシーを保護する。

留意点④
腹部のおむつのしわを伸ばしながら左右に広げ、下のテープから斜め上向きにとめる。→？なぜ3
次に上のテープを腸骨に引っかけるようにして、斜め下向きにとめる。

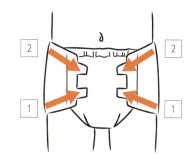

センターラインを中心に、左右のテープを対称にする。
ギャザーが押し込まれていないかを確認し、股関節のギャザーは指で外側に起こす。

留意点⑤
おむつを交換したら手を洗う。

> 注：プライバシー保護のため、スクリーンやカーテンを使用するが、イラストでは省略してある。

おむつを当てる前に、おむつを縦に引っ張っておくのは、なぜですか？

おむつを当てる前に、おむつを縦に引っ張っておく理由としては、次のようなことがあげられます。

① 床ずれの原因となる「おむつのしわ」を伸ばすため
② 吸水材のポリマーが動いて尿の吸収力が落ちるのを防ぐため
③ 尿漏れ防止の立体ギャザーをしっかり立てるため

おむつに段差などがあると臀部が床ずれになりやすいため、おむつの両端を持ち、優しく縦に2〜3回引っ張って、しわを伸ばしておきます。

また、おむつの中に入っている吸水材のポリマーが片側にずれたりしないようにおむつを引っ張ります。

おむつを当てたときに、尿漏れを避けるためにも、ギャザーをしっかり立てておくことが大切です。

豆知識 その6

おむつの構造

図6-7 おむつの構造

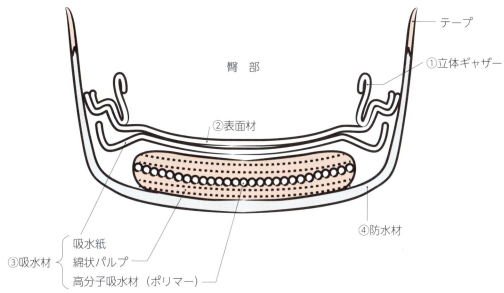

① 立体ギャザー
便や尿漏れを防止する。
② 表面材
尿を吸水材に送り込み、直接肌に接するところは濡れにくく、さらっとした状態を保っている。
③ 吸水材（吸水紙、綿状パルプ、高分子吸水材）
表面材を通過した尿は、ここで吸収され、尿を逆戻りさせない。
高分子吸水材（ポリマー）は、サラサラの粉で尿を吸収するとゼリー状になり、尿を閉じ込める。
④ 防水材
おむつカバーに相当する。

 **2**

おむつのセンターラインと背骨を合わせ、おむつの上のテープを腸骨の少し上に合わせるのは、なぜですか？

センターラインと背骨を合わせるのは、おむつを左右対称に当てるためです。

また、上のテープを腸骨の少し上に高さを合わせるのは、おむつがずり落ちないようにするためです。

左右対称におむつを当てるために、側臥位の状態でおむつのセンターラインと背骨を合わせます。ゆっくりと仰臥位になってもらいます。次に反対側のおむつを引き出し、テープを止めます。

テープが左右同じ位置にとめられているということは、おむつのセンターラインが臀部の中心にきて、左右対称にきちんと当たっていることになります。

テープをとめる場合は、下のテープを斜め上向きにとめてから上のテープをとめます。

上のテープを腸骨にひっかけ、斜め下向きにとめることで、おむつがしっかりとフィットし、おむつがずれることも、尿が漏れることもありません。

なぜ 3
おむつのテープを、下のテープから上向きにとめるのは、なぜですか？

　上のテープからとめると脚のまわりに隙間ができやすく、尿漏れ（豆知識 その7）の原因になるため、下のテープからとめます。

　テープのとめ方として、腹部の「おむつのしわ」を伸ばしながら左右に広げます。

　まず下側のテープを斜め上向きに、左右をとめます。次に上側のテープを腸骨にひっかけ、斜め下向きに左右をとめることでテープがクロス状になり、隙間なくしっかりととめることができます。

　なお、このようにテープをとめることで脚まわりやウエスト部分には指1本くらいのゆとりができ、締めつけないという効果もあります。

　上のテープと下のテープを平行にとめると、脚まわりや背中まわりに隙間ができ、尿漏れの原因になるだけでなく、体を起こしたときに腹部を締めつけてしまいます。

豆知識 その7

尿漏れ

図 6-8　尿漏れしやすい場所

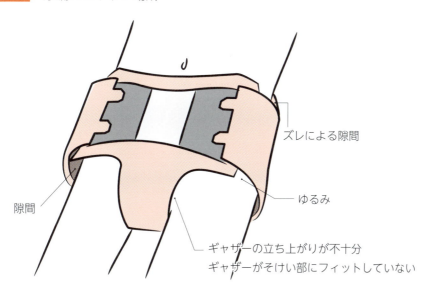

尿パッドの重ね使い

尿パッドには「吸収面」と「防水面」があります。

尿漏れを防ぐ目的で、何枚もの尿パッドを重ねて使っても意味がありません。「防水面」の下に2枚目のパッドを敷いても尿は下に落ちないため、吸収機能や保水機能の補強にはならないのです。

吸収力の高い尿パッドと使い分けることが必要になります。

図6-9　尿パッドの重ね使い

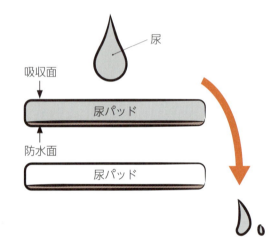

おむつのサイズ

おむつを使用するときには、サイズの合ったものを選ぶ必要があります。
サイズを選ぶときの目安は、パッケージに表示されていますが、メーカーによって多少異なります。
なお、サイズによって価格は違います。

① 大人用テープ式おむつの場合

　テープで止める位置を調節することができるため、幅広い利用者に合わせることができます。

　ヒップサイズが表示してあります。ヒップサイズを測って、その範囲にあるものを選びます。

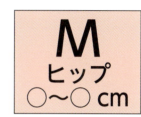

② 大人用パンツ式おむつの場合

　ウエストサイズが表示してあります。ウエストの伸縮による調節のため、お腹にゴムが食い込まない程度のサイズのおむつを選ぶ必要があります。

　尿パッドを併用する場合は、その厚みも考慮します。

おむつの弊害

おむつの使用は、利用者の心身に大きな影響を与えます。そのため、安易な使用は避けます。おむつの使用に際しては、本人の尊厳を大前提として、細心の注意が必要となります。

① 日常生活動作（ADL）の低下、寝たきり症候群

おむつをしていると、トイレへ行く必要がなくなってしまいます。そのため、寝たきり状態が生じてきます。

つまり、トイレへ行き、ドアの開閉や衣服の着脱、便座への座り動作と立ち上がり動作、排泄後の清拭、処理、手洗いなど、尿意・便意を感じてから排泄を行い、居室まで戻ってくるまでの一連の動作がなくなります。

ベッド上で身体を動かさない状態が続くと、徐々に身体機能が低下し、トイレに行けない状態をつくり上げてしまいます。

② 自尊心や自立心、意欲の低下

誰でも排泄に関しては、絶対的な尊厳があります。排泄は最期まで自立していたい部分です。

他人の手を借りておむつを交換されることに、大きな抵抗を感じます。恥ずかしいと思うことを他人にゆだねると、「情けない」が「仕方がない」というあきらめの境地に陥っていきます。

次第に自尊心や自立心も低下し、やがては、あらゆることに対して何もしたくなくなるなど、意欲も低下していきます。

③ 尿意・便意の喪失、おむつ性失禁

排泄では脳の前頭葉がはたらいて、「尿意や便意を感じ、トイレへ行って、下着を下ろし、便座に座って」という行為がなされます。ところが、長期間おむつを当てていると、いつでも排泄を行ってもよいという状況をつくってしまい、尿意や便意を感じてから我慢をするということがなくなってしまいます。

排泄のコントロールを行っている前頭葉の機能は失われていきます。自然に尿意・便意をなくし、おむつ性失禁を起こすことになります。

おむつかぶれ

	化学的刺激	物理的刺激
原因	・尿や下痢便は時間がたつとアルカリ性に変化し、弱酸性の皮膚を刺激して傷める。 ・おむつの中は高温多湿であり、皮膚がふやけ、角質が剥離しやすく、皮膚のバリア機能が損なわれる。細菌感染も起こしやすくなる。	・過剰な清拭や洗浄は皮脂を落とし、皮膚を弱くさせて傷つけやすくなる。
対策	・排泄のたびにおむつを交換し、汚れのない状態を維持する。 ・刺激の少ない弱酸性の石鹸を使い、汚れや石鹸をきれいに除去する。 ・洗浄後は保湿剤などで皮膚を保護する。	・清拭や洗浄の際は強くこすらないようにする。軽く押さえるようにふきとる。

図 6-10　皮膚の構造

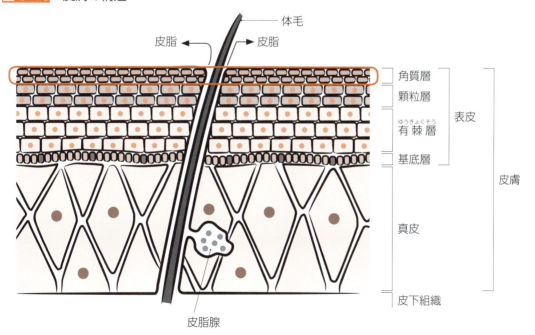

■著者紹介■

前川美智子（まえかわ・みちこ）

日本福祉教育専門学校専任講師、淑徳短期大学教授、東京福祉大学教授を経て、国際医療福祉大学特任教授。看護師・介護福祉士・介護支援専門員。

＜主な著書＞
- 『早引き　介護の口腔ケアハンドブック』（ナツメ社）
- 『介護の現場で役立つ！介護技術＆急変時対応ハンドブック』（監修：ユーキャン学び出版）
- 『根拠からわかる介護技術の基本』（中央法規出版）
- 『介護福祉士国家試験実技試験のチェックポイント』（中央法規出版）

動作の"なぜ"がわかる基礎介護技術

2018年3月20日 初版発行
2021年5月20日 初版第3刷発行

著　者	前川美智子
発行者	荘村明彦
発行所	中央法規出版株式会社
	〒110-0016　東京都台東区台東3-29-1　中央法規ビル
営　業	Tel：03(3834)5817　Fax：03(3837)8037
取次・書店担当	Tel：03(3834)5815　Fax：03(3837)8035
	https://www.chuohoki.co.jp/

印刷所　株式会社太洋社

装幀・本文デザイン　株式会社ジャパンマテリアル

本文イラスト　ひらのんさ・土田圭介

定価はカバーに表示してあります。
ISBN978-4-8058-5642-0

本書のコピー、スキャン、デジタル化等の無断複製は、著作権法上での例外を除き禁じられています。また、本書を代行業者等の第三者に依頼してコピー、スキャン、デジタル化することは、たとえ個人や家庭内での利用であっても著作権法違反です。

落丁本・乱丁本はお取り替えいたします。

本書の内容に関するご質問については、下記URLから「お問い合わせフォーム」にご入力いただきますようお願いいたします。
https://www.chuohoki.co.jp/contact/